漫画 動物が教えてくれる「競争社会で生き残る方法」

麻生羽呂
漫画家／週間少年サンデー連載

篠原かをり
生き物をこよなく愛す生物女子

文響社

酒で酔いつぶれたサルは、
もう二度と酒には
手を出さないだろう。

つまり、人間より
よっぽど賢いのである。

——チャールズ・ダーウィン

An American monkey after getting drunk on
brandy would never touch it again, and thus
is much wiser than most men.

INTRODUCTION

46億年の歴史のある地球で、
生命が誕生したのは40億年前。

現在、地球上の生物は
約870万種類にのぼると言われる。

永い歴史の中で、繁栄する種もあれば、
残念ながら消える種もあった。

その中で、私たち人類の祖先、
猿人が生まれたのは700万年前。

地球の歴史を365日の
カレンダーであらわせば、

まだ12月31日の出来事である。

つまり、私たちはあまりにも若い。

他の生物たちに比べ、
私たちの生き方はあまりにも
「定まっていない」のである。

あなたは、知っているだろうか。

ネコがすり寄ってくる理由を。

イルカが、ジャンプする理由を。

カピバラが「草原の支配者」と
呼ばれる理由を。

キリンが実はアフリカでも
1〜2位を争う強さを持つことを。

ライオンに立ち向かう
小動物がいることを。

ナマケモノの
お釈迦様のような生き様を。

私たちは、知らない。

生き物たちがどのように生きてきたか。
そして私たちは、どう生きればよいのか。

本書では、20種類の
生き物たちの知られざる生態から
人間が生き残るための「戦略」と「習慣」を学ぶ。

時に、よい師匠として、
時に、反面教師として。

その先に、人間ならではの
生き方が見えてくるのである。

ではさっそく、ご覧いただこう。

CONTENTS

Penguin

出る杭は打たれる
（が、出る杭が世の中を変える）

ペンギンの教え

コウテイペンギン

ペンギン目ペンギン科
体長 1.1~1.3m

主な生息地
南極大陸

欲望の尽きない
人間社会には、
「裏切り」がつきものである。
しかしそれは、
必ずしも人間だけの
話ではない。

ペンギン。

人間と同じく
群れで暮らす
生き物である。

身体は黒と白の
もふもふと密集した
羽毛に覆《おお》われ、
よちよちと歩く
キュートな姿は
老若男女を魅了する。

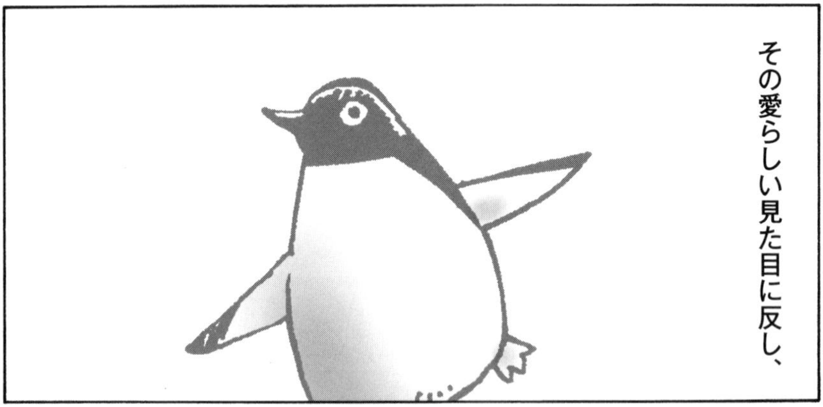
その愛らしい見た目に反し、

ある種のペンギンは
氷の上から海に飛び込む際、
最初に仲間の一匹を
蹴り落とす。

天敵のシャチが
待ち伏せしていないか
確かめるためだ。
蹴り落としたペンギンが
無事に浮かび上がって
くれば、
みな安心して
海に入る。
これは 少数の個体を
犠牲にすることで
大多数のペンギンという種を
守るための本能だと
考えられている。

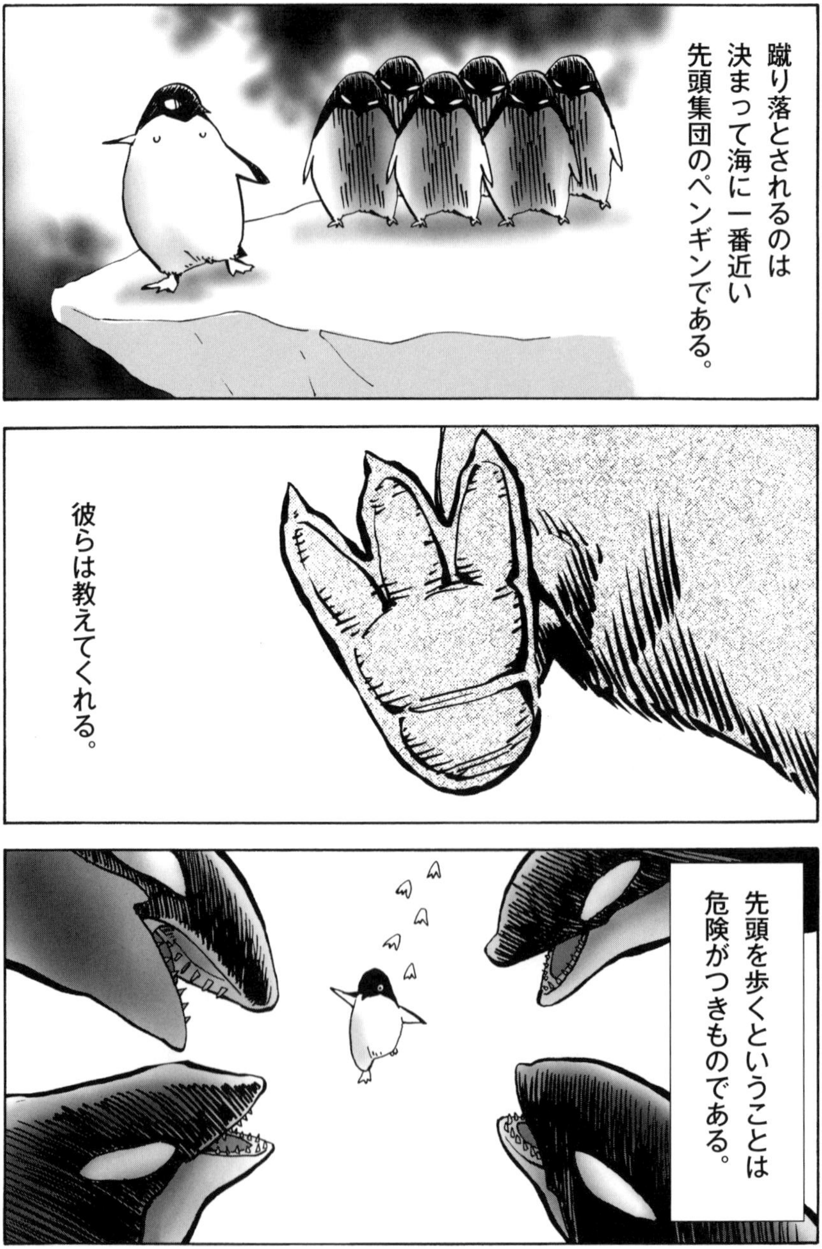
蹴り落とされるのは
決まって海に一番近い
先頭集団のペンギンである。
彼らは教えてくれる。
先頭を歩くということは
危険がつきものである。

一方で、最初に海に入る
ペンギンが最も多くの餌を
得られることから、

未知の領域や
新しいビジネスに挑戦する人は
「ファースト・ペンギン」と
呼ばれる。

出る杭《くい》は打たれる。
――しかし、
時代を切り開くのは
いつだって
先頭を行く者なのである。

愛の形

現存する中で最大のペンギン、コウテイペンギンは世界で最も過酷な子育てをする鳥として知られている。

コウテイペンギンは生涯の7割を海で過ごす。3〜4月になるとコウテイペンギンは食べ物を取ることができない陸の奥地に上がって交尾し、450gほどの大きな卵を一つだけ産む。

ペンギンは一度決めた相手と一生添い遂げることが多く、求愛は念入りだ。

求愛行動も種類によって様々なバリエーションを持っている。一番有名なのが「恍惚《こうこつ》のディスプレイ」だ。フリッパーと呼ばれるひれ状の翼を大きく広げ、喉《のど》をのけぞらせて、甲高《かんだか》い鳴き声をあげる。この恍惚のディスプレイを見たメスが気に入ったオスを選ぶのだ。

ただしコウテイペンギンの場合は、恍惚のディスプレイを行わない。代わりにダンスを行う。珍しいものだと、オスがメスに石をプレゼントし、メスがその石に触れば成立するという求愛もある。

メスは産卵するとオスの元を離れ、海に餌を取りにいく。残ったオスは抱卵嚢《ほうらんのう》と呼ばれる両脚の下のだぶついた皮膚の中に卵を包み込み、ひたすら立ち続けるのだ。

ペンギンの子育ては、「ルッカリー」と呼ばれる集団で行われる。寒さの厳しい地方に住むペンギンは、身を寄せ合って生活しなければ凍え死んでしまうのだ。

オスたちは卵を温めながらひたすら立ち尽くす。マイナス60℃にも達する南極の地で65日間、何も食べずに卵を温め続ける。雛《ひな》が孵《かえ》る頃には、オスの体重は40％以上も減少してしまう。

求愛時から考えると実に120日程度の期間、飲まず食わずで過ごすのだ。雛が生まれてもすぐに雛を置いて海に餌を取りにいけるわけではない。オスは孵ったばかりの雛にペンギンミルクと呼ばれる栄養豊富な分泌物を与えて、さらに10日ほど育てる。ペンギンミルクは脂質やタンパク質を多く含み、このミルクだけでも雛たちは飲む前の2倍程度の大きさに成長できる。

そして、ペンギンミルクを与え始める頃にようやくメスが帰ってくる。メスは食べ物を胃に貯蔵し、吐き戻して雛に餌として与える。その後もオスはメスと交代で雛に餌を運ぶ。

生涯同じ相手と添い遂げ、力を合わせて子育てをするペンギンの姿は感動すら覚えるが、怖い一面も持っている。繁殖の途中で自分の雛が死んでしまった場合、他の巣から雛を盗んでくるのだ。ところが盗んだ雛も、数日後には育児放棄してしまうケースが多い。

他方、デンマークの動物園にはオス同士のキングペンギンのカップルがおり、2匹に卵を与えたてみたところ、見事孵化させ、子育てにも成功したという。このような例は世界で複数報告されており、あらためて様々な愛の形があることを教えてくれる。

Penguin

ペンギンの豆知識

蹴落とした仲間が運悪くシャチなどに食べられたときも氷上で待ち続け、しばらくしてからもう一匹蹴り落として様子を見る

寿命は長く、飼育下では40年近く生きるケースもある

人間でいうと爪先立ちで空気椅子をしているような体勢をとっているので本当は脚が長い

毎年同じ相手とつがう（オス同士でも）

フンボルトペンギンは数が少なく絶滅危惧種に指定されているが、気候が合っていたためか約1割が日本の動物園にいる

ペンギンの口の中はとげだらけ

ペンギンの足は凍らない

Lion

失敗は成功の母

ライオンの教え

ライオン

食肉目ネコ科
体長 1.6 〜 2.5m

主な生息地
アフリカ・インド

人生には、挑戦しなければ
ならない場面がある。
音楽コンクール

しかし、時にたった
1度の失敗が、
次に挑戦する意欲を
くじいてしまうこともある。

言わずと知れた
サバンナの王者、
ライオン。

ライオンは1頭～2頭のオスと
10頭前後のメスで構成される、
「プライド」という群れで
生活する。
狩りは主にメスが
群れで行い、
彼女たちの獲物は
小型のガゼルから
大型のヌーまで多岐にわたる。
その姿は、
「百獣の王」の貫禄《かんろく》が漂う。

ところが、ライオンは決して狩りが得意ではない。
SUCCESS
FAILURE
狩りの成功率は20％程度とも言われる。
小さい獲物には逃げられ、
大きい獲物にはふり払われる。
しかし、何度も何度も襲いかかる。

それでも獲物を手に入れられなかった場合は、
ハイエナやチーターなどが狩った獲物を横取りする。
狩ることをあきらめれば、群れの全員が餓死してしまうからだ。
その様は、生きることの本質を教えてくれる。

人生にとって最大の失敗は、
命を失うことである。
それ以外の失敗は、
どうとでもなる。
真剣に挑戦し続けて
いれば、
うまくいかない原因も、
うまくいく方法も
わかるようになるだろう。
成功するまで続ければ、
「失敗」という言葉など、
そもそもないのである。

戦い続けることを選んだ男たち

ライオンはトラに次いで2番目に大きなネコ科の動物であり、ネコ科の動物の中では唯一「群れ」で暮らす生態を持っている。

ライオンは、なぜ群れを作るのだろうか?

狩猟の成功率は、実は単独でも群れでも変わらない。群れを作る理由は、年間を通じて水と食料を確保できるいい場所(川の合流地点)を縄張りとしてキープするためではないかと考えられている。

ライオンの群れは、一頭のオスと複数のメス、2歳以下の子どもたちで形成され、ほとんどの仕事をメスが担《にな》っている。

オスはといえば、メスが狩って来た獲物を一番に食べる。その他の時間は基本的に日陰でゴロゴロと過ごす。その睡眠時間はなんと20時間。

というのも、狩りの成功率が低いライオンは毎日餌にありつくことができないので、普段はなるべく動かずにエネルギーを節約しているのだ(動物園などでは餌を食べ過ぎないように絶食日を設けて調整している)。

このようなオスの生活は悠々自適に見えるが、そこには当然苦労もある。

オスは成長すると、育った群れ(プライド)を追い出され、単体、または兄弟数頭で獲物を狩って暮らさなければならない。放浪の身となるのだ。

ただでさえ狩りが苦手なうえに、経験の少ない若いライオンの多くは飢えて死んでゆく。

自分のプライドを手に入れるためには、他のオスに勝たなければいけないが、プライドの乗っ取りも簡単ではない。

敵の王ライオンは当然自分のプライドを守るために全力で戦うし、プライドのメスたちも王が入れ替われば自分たちの子どもを殺されてしまうので必死に抵抗する。

何とか王ライオンに勝つことができても、それでプライドが手に入るわけではない。群れのメスたちに値踏みされ、王として認められなければならない。そのため、ひたすら下手に出てメスの機嫌を伺う。決定権はあくまでメスにあるのだ。

ちなみに、メスがオスを評価する一番の基準はビジュアルだ。色が濃く、ふさふさとしたたてがみを持ったオスがモテる。たてがみがあれば急所の喉笛《のどぶえ》を守れるうえに、たてがみの濃さには男性ホルモンが関わっているので、強さの指標になると考えられている。

しかし、このような試練をくぐり抜けて群れを持っても、他のオスとの戦いに負ければプライドを乗っ取られ、プライドにいた自分の子どもも殺されてしまう。ライオンの全盛期は短く、プライドを維持できる期間はおよそ3~4年である。

ライオンのオスに安住の地はないのだ。

それでも、百獣の王のプライドをかけてライオンは戦い続ける。あきらめたものから死んでいく、それがサバンナの掟だ。

Lion

ライオンの豆知識

赤ちゃんライオンの抱っこなどのサービスによって余剰個体が出やすいため、数万～30万円程度で入手できるが、飼育にかかる初期費用は2500万円ほど

ライオンもマタタビを与えると骨抜きになる

オスも狩りをしないわけではないが、体格が大きいために走るのが苦手

オスの仕事は主に、自分の群れを他のオスから守ること

たてがみを数える単位は叢《むら》

草食動物の内臓を食べることで食物繊維などを摂っている

Panda

こだわりは身を滅ぼす

パンダの教え

ジャイアント・パンダ

食肉目クマ科
体長 1.3~1.5m

主な生息地
四川省・陝西省など

人には妥協できない
ものがある。
結婚相手から
ビールのブランドまで
人それぞれだ。
それは「プライド」や
「こだわり」と呼ばれる。
選び抜いた
食材
匠の
技術
伝統の
味
動物界で強いこだわりを
持つのは――
パンダである。

パンダは野生に
1900頭ほどしかいない。
彼らが絶滅の危機に
瀕している理由の一つに、
異性に対する厳しい
選《え》り好《ごの》みが挙げられる。

動物界では一般的に、
オス同士の争いに勝った者が
メスと交尾をする。

しかしパンダの場合、
争いに勝ったオスも
メスが容姿や性格を
気に入らなければ
拒絶される。

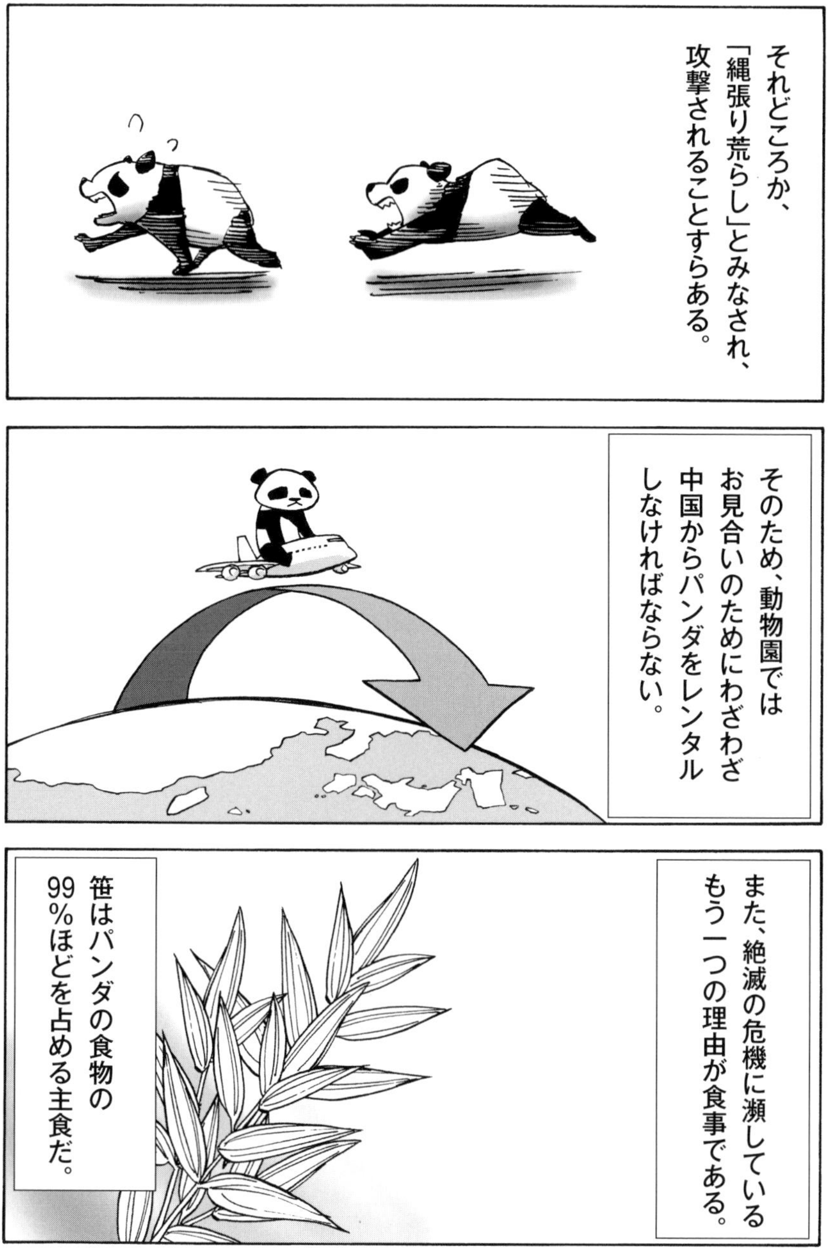
それどころか、
「縄張り荒らし」とみなされ、
攻撃されることすらある。
そのため、動物園では
お見合いのためにわざわざ
中国からパンダをレンタル
しなければならない。
また、絶滅の危機に瀕している
もう一つの理由が食事である。
笹はパンダの食物の
99％ほどを占める主食だ。

しかし、パンダはクマ科。
その消化器は典型的な
肉食獣のものである。
200万年もの間、パンダは笹を
食べ続けているが、
消化器は未だに草食に
対応していない。
そのため、食べた笹の
ほとんどはそのまま排出され、
1ヶ月に1度、腸を
一新するために「粘膜の塊《かたまり》」を
排せねばならない。
このときの痛みは凄まじい。

しかも、笹は数十年に1度
一斉に花を咲かせて枯れる
という特性を持つ。
前回枯れた際には、
多くのパンダが餓死した。
こだわりは、決して
悪いものではないだろう。
まだー？
しかし、「偏りすぎ」は
身を滅ぼす。
時に、笹のようなしなやかさが
人生には必要なのである。

パンダの生存戦略

パンダは選り好みが激しいとはお伝えした通りだが、実はその中で稀《まれ》に繁殖力の強いオスがいる。「世界でも有数」といわれるほど繁殖力を持ったパンダ、それは和歌山アドベンチャーワールドにいる永明《エイメイ》である。

本場中国でも繁殖のほとんどを人工授精に頼っている中、永明は2頭の妻と13頭の子どもがいる。永明は2016年10月現在で22歳、人間の年齢に換算すると60歳を超えるが、2014年にも双子の姉妹、桜浜《オウヒン》・桃浜《トウヒン》をもうけている。

驚くべきは、パンダの発情期は人間と違い、1年に数日というごく限られた期間しかないということだ。永明は、その限られたメスの発情期を見逃さずにアプローチするのがうまく、さらにやさしく穏やかな性格がウケていると言う。

メスのタイプにはこだわらないが、食事には非常にうるさく、竹を与えられると丹念にその香りを確かめ、多くの竹の中から気に入ったほんの一部だけを食べる。排ガスのついた都会の竹は絶対に食べないという徹底ぶりで、和歌山アドベンチャーワールドでは、大阪の岸和田の山中や兵庫の丹波《たんば》篠山《ささやま》からわざわざ竹を取り寄せているのだ。

ところで、このように人間を魅了するパンダであるが、パンダがここまで人間を引きつけるには、2つの理由がある。

1つはその容姿。「ベイビースキーマ」といって、動物の赤ちゃんは丸い顔、丸い目、パーツが下部に寄った配置、短い手足などの共通した特徴がある。大人に可愛いと思ってもらうことで、自分を守ってもらうという生存戦略の一つだ。ところが、パンダの場合は大人になっても顔や身体のバランスが子どもとほとんど変わらないのだ。

もう1つの理由は、そのしぐさ。人間は自分たちに似たしぐさを可愛いと感じる習性があるのだが、パンダのしぐさは人間に似ている。たとえば、お尻を地面につけて座る他の動物と異なり、パンダは腰を地面につけて座る。その姿は「部屋でくつろぐおじさん」である（パンダのお尻にはマーキングの際に用いる臭腺《しゅうせん》があり、普段は身を隠すために尻尾でふさいで腰で座っている）。

厄介な生態を持ちながらも、つい関わりたくなってしまうパンダという生き物。この先も彼らの姿を見られるように、何とか絶滅しないでいただきたいものだ。

Panda

パンダの豆知識

木に登るのは得意だが、降りるのは苦手でよく落ちる

パンダを日本に最初に紹介したのは黒柳徹子

パンダに性教育するためのビデオがある

レンタル料は年間１億円

模様がハッキリして耳と顔が丸いものが美人

中国にあるパンダの保護施設の飼育員はパンダの着ぐるみ着用が義務付けられている

Cat

我は我、人は人なり

ネコの教え

イエネコ

食肉目ネコ科
体長 23 ～ 25cm

主な生息地
世界各地

人の顔色を伺い、
愛想をふりまくことを
「八方美人」という。

しかし、誰からも好かれようと
すれば、結果的に誰からも
嫌われてしまうのが世の常。
いったい、どうすれば
よいのだろうか？

人間と極めて
関係の深い動物、
ネコ。

ペットとしてのネコの歴史は
今から5000年以上前の
エジプト、
一説には
9500年前の
キプロスに遡る。
世界的な飼育頭数では
イヌを圧倒し、2億400万匹
とも言われる、
名実ともに
ペットの王様である。
多くの人間を魅了する
ネコであるが――
決して人間に対して
従順ではない。
人に飼われながらも、常に
野生を秘めているのである。

たとえば、目をじっと
見つめてくる行動。
飼い主はその愛くるしさに
負けてしまう。
ネコは、
そのとき何を考えているか。

「こいつには勝てる」
である。

ネコは「勝てない」と悟った
相手には負けを認めて
目をそらす。
ケンカに発展
させないためだ。

また、人に身体をこすりつける
行動は、甘えているのではなく、
人間に臭いをつけている。
飼い主に対し、
「お前も自分の縄張りの一部だ」
と主張しているのだ。
さらに、狩りした獲物を
持ってくるのは「余裕」の
あらわれである。
獲物を獲れない非力な
飼い主に分け前を与え、
狩りを教えてやろう
というのだ。
ネコは死の間際どこかへ
行ってしまうというが、
これは弱くなった自分が、
敵に襲われるのを防ぐためだ。

一度いなくなったネコが
戻ってきたなら、
それはいろいろなところを
探し回った結果、
一番安心できるのが自分の家
だったということだろう。

自分のスタイルを崩さない
あまのじゃく。
しかし、憎めない
愛らしさがある。

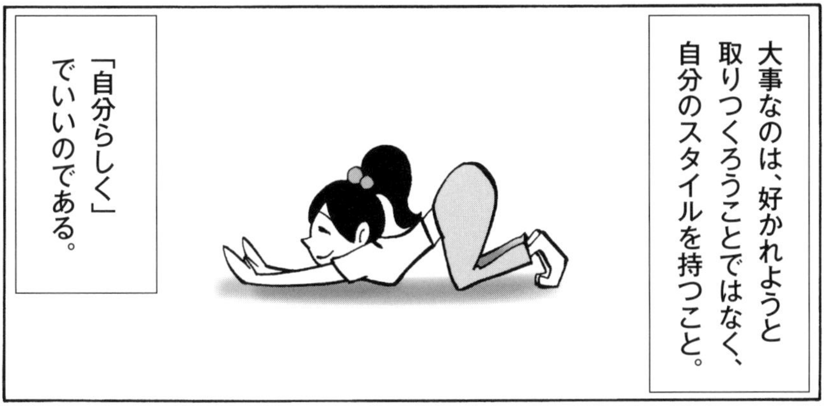
大事なのは、好かれようと
取りつくろうことではなく、
自分のスタイルを持つこと。
「自分らしく」
でいいのである。

ネコたちの「人間観」

イヌは狩猟や運搬、愛玩《あいがん》、闘犬などの目的で様々な形に改良されてきたが、ネコは観賞、せいぜいネズミを取るくらいの目的で飼われていたため、イヌほど品種改良が進んでいない動物だ。毛の長さや毛色、尻尾《しっぽ》の形程度の違いしかない。

たとえばイヌはチワワ（1.5kg）からアイリッシュウルフハウンド（80kg）まで、大きさにかなりの幅があるが、ネコは品種ごとにそこまで大きさの幅がない。

イエネコで最も大きな品種の一つであるメインクーンのオスの成猫の体重6～8kgほど。これはだいたい柴犬くらいの大きさである。

他方、自然界の例を見るとどうだろうか。

ネコ科の動物は、イヌ科の動物よりはるかに大きい。イヌ科のオオカミは大きくても80kgほどだが、ギネスブックに登録されている世界最大のネコ科の動物、ライオンとトラの雑種であるライガーはなんと418kgである。

人間はあえて巨大なネコを生み出さないのだ。現在のネコの大きさが、人間が安全に飼育できる限界の大きさなのである。

実は、ネコは野生的な本能を色濃く残している動物であり、小さな猛獣なのだ。イヌの場合は闘犬に使われていた品種など、闘争心や力が強い種類で事故が起きることがあるが、もしもネコが巨大化したら、事故率はイヌの比ではないだろう。

とはいえ、現在飼育されているネコは人間を獲物として見ているわけではない。では、ネコは人間を何だと思っているのだろうか？

群れで生きてきたイヌの場合は、飼い主のことを群れのリーダーとして、主人として従う。つまり、人間のことをイヌとは違う動物として認識している。実際、イヌ同士で遊ぶときと人間と遊ぶときでは違う行動をとる。

ところがネコは、飼い主を「何らかの理由で巨大化した不器用なネコ」だと考えており、たまたま住処《すみか》を同じくしている友達だと思っている。

たとえばじゃれつきながら噛みついてくることがあるが、これは兄弟など同じ年頃のネコでよく行うケンカごっこの誘いである。このときうっかり抵抗すると「了承」の意になり、より一層激しくじゃれついてくるので注意がいる。

そのため、飼い主を自分より偉い存在だと認識することはないと思われる。餌をくれて遊んでくれる気の合う仲間か、図体が大きい割にどんくさくて仕方ないネコと思っているかもしれない。

しかし、人間とネコは信頼関係を築けないわけではない。顔や手をペロペロと舐める、お腹を前足で踏み踏みする、家に帰ってくると迎えてくれるなどの行動は親や家族にしか見せない親愛をあらわす行動だ。ネコはネコなりに愛情を示してくれる。

そんなところが、ネコが人をひきつけてやまない理由なのだろう。

Cat

ネコの豆知識

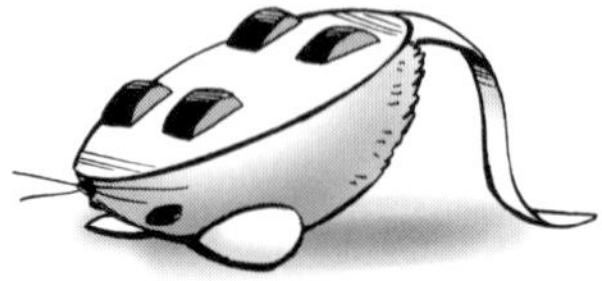

ドアに取り付けるネコ用のくぐり戸はニュートンが発明した

熱いものが苦手な人を猫舌というが、ネコが温度を感じるのは鼻

ネコを飼うと、高血圧、心臓麻痺、脳卒中、骨折などのリスクが低減する

アラスカには15年もの間、市長を務めているネコがいる

ネコ好きのエジプト軍に対抗するため、ペルシャ軍がネコのついた盾を用いたところ、圧勝した

Giraffe

人は見かけによらぬもの

キリンの教え

キリン

偶蹄目キリン科
体高 4~5m

主な生息地
アフリカ（サバンナ）

人は見かけで判断をするものだが、
そうでないこともある。
強面《こわもて》の人が意外とやさしいこともあれば、
おとなしく見える人ほど凶暴なこともある。
見た目のイメージで見くびると痛い目を見るのだ。

キリンを知らない人は
いないだろう。
長い首に長い脚、
長いまつげに
ふち取られた大きな目。
のんびりとしたその様子は
平和の象徴のようにも見える。

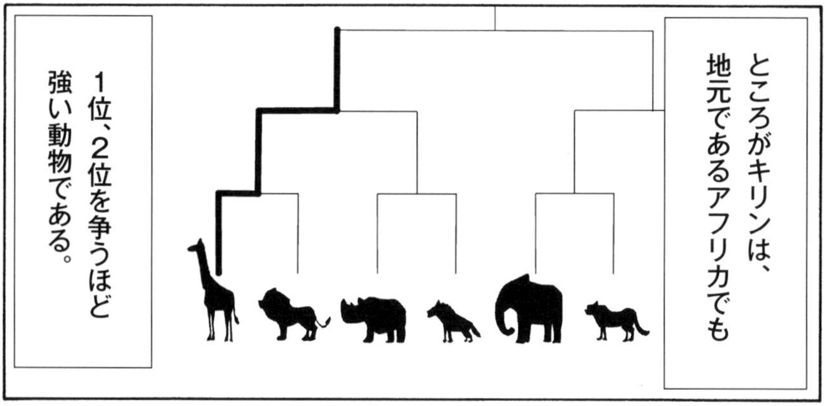
ところがキリンは、
地元であるアフリカでも
1位、2位を争うほど
強い動物である。

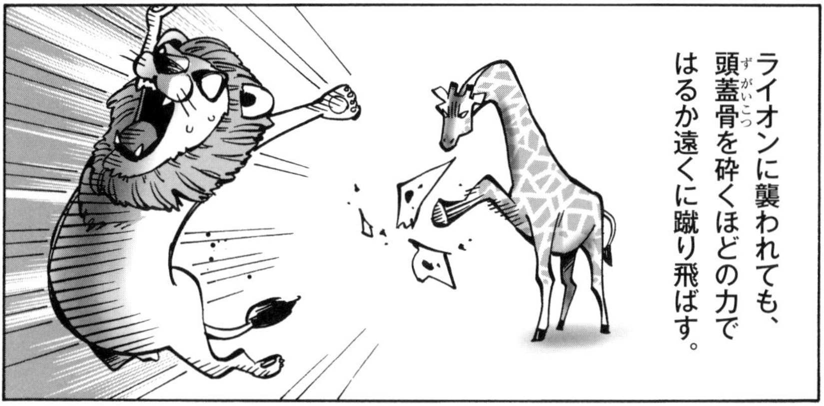
ライオンに襲われても、
頭蓋骨《ずがいこつ》を砕くほどの力で
はるか遠くに蹴り飛ばす。

10数頭以上で一斉に
襲いかからないと、
キリンを捕食することは
できないのだ。

キリン同士で戦うときは
長い首を武器にする。
その衝撃で、負けたキリンの
首の骨が折れることもある。
基本的には木の上の葉を
食べているが、
長い舌を使って鳥などの
小動物を捕食することもある。

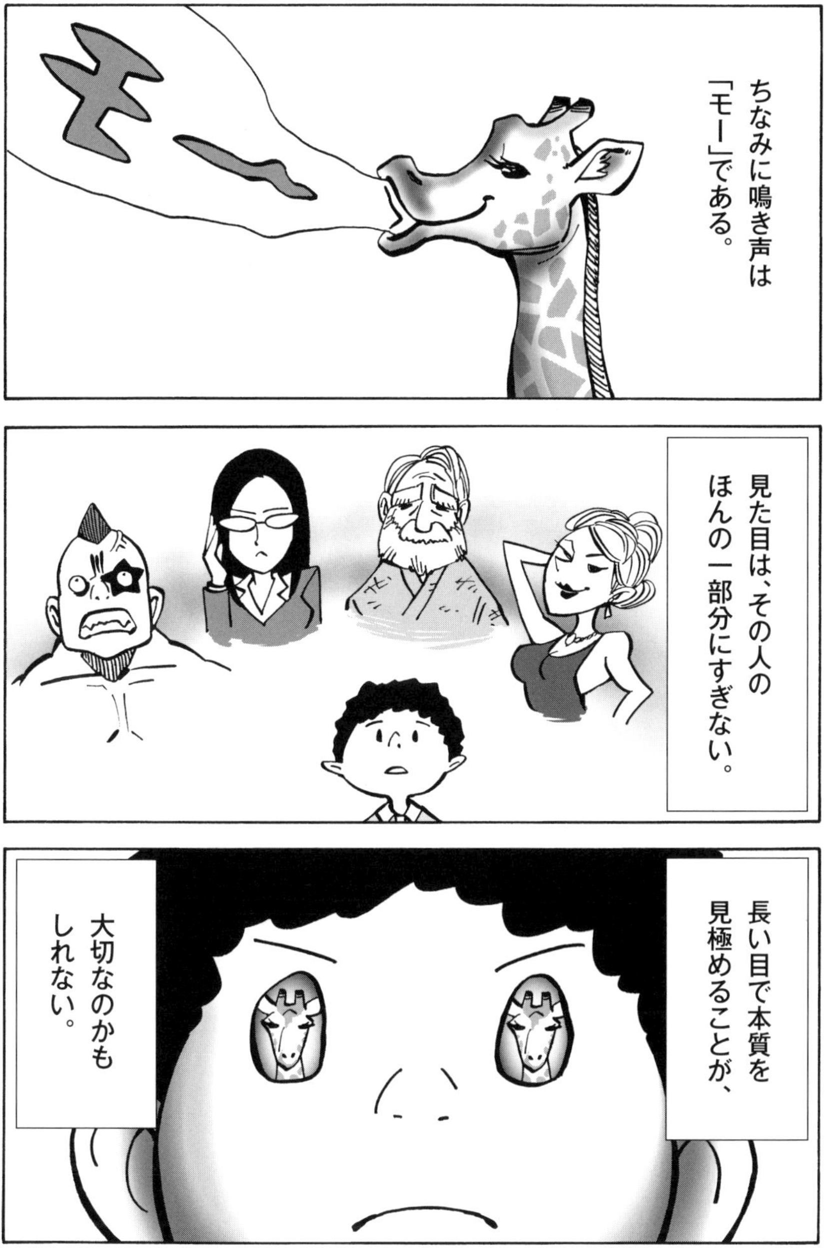
ちなみに鳴き声は
「モー」である。
モー
見た目は、その人の
ほんの一部分にすぎない。
長い目で本質を
見極めることが、
大切なのかも
しれない。

野生は、コントロールできるのか

キリンは法律上、日本で個人が飼育できる最大の動物である。しかし、実際に個人でキリンを飼育することは極めて困難だ。

キリンを手に入れる手段は、主に輸入である。口蹄疫《こうていえき》（伝染病）を防ぐための検疫にかかるため、本場アフリカから輸入することはできない。そこで、主にヨーロッパやアメリカから輸入することになる。

値段は1頭300～1000万円ほど。車とほとんど同じなので、そこまでハードルが高いわけではない（最近ペットとして有名になりつつある小型のキツネ、フェネックが100万円程度であることを考えるとお得感すら感じる）。

しかし、餌代で1日3000円ほどかかり、1年で100万円ほど。何より体高が5mと大きく、二階建てに近い高さの飼育小屋が必要である（小屋なしの場合、キリンは背が高いため、稀《まれ》に避雷針となって落雷することがある）。

寿命も長く、25～30年ほど生きるので、親子二代で飼育する覚悟を持っていないと飼育は難しい。

そもそもキリンは品種改良を経ていない完全な野生動物なので、ペットに適した性格ではない。臆病で神経質だが、好奇心旺盛という掴みにくい性格である。

毎日関わっている動物園の飼育員ですらキリンが近寄ってくるまでに2年かかると言われており、やっかいなのは、同じ飼育員であっても髪型や服装が変わると警戒するのだ。また、慣れることはあってもイヌやネコのように懐くことはない。自分より目線の高い相手に対して対抗心を燃やすという生態を持つため、上から見下ろしたりするとキリンの反感を買う。

このように、キリンは温厚そうな見た目に反して、人間が扱うには手に負えない動物の一つである。野生動物をコントロール下に置くというのは、人間が考えているよりもはるかにハードルが高く、難しいことなのだ。

なお、それでもキリンに近い動物が飼いたいと思う人にはヤギがおすすめである。

ヤギはキリンと同じ偶蹄目《ぐうていもく》ウシ亜目に属している動物の中で比較的サイズが小さく、最も飼育が簡単である。一番キリンに近い動物はオカピだが、世界三大珍獣に数えられるオカピはワシントン条約の規制で個人で飼育することができない。

キリンやオカピに限らず、世の中で「ペットになっていない動物」には、ペットにできない理由があるのだ。

Giraffe

キリンの豆知識

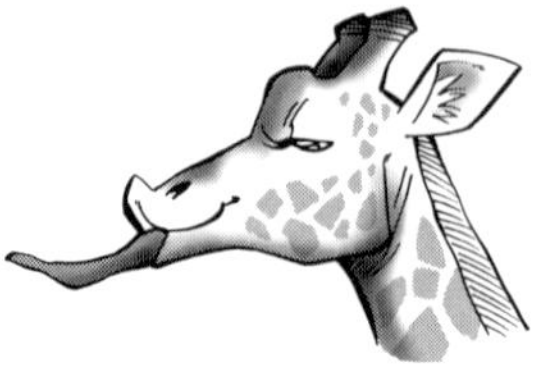

血統が重視されるため、安価な個体は350万円ほどで買える

日本国内において個人で飼育することができる最大の哺乳類

睡眠時間は20分。完全に眠っている時間は1〜2分

角は5本ある

キリンの血圧は人間の2倍あり、その独自の血圧システムは宇宙服に応用されている

2016年9月にキリンは同じような見た目をしていても4種類に分けられることが発表された。遺伝的差異はヒグマとホッキョクグマほどある

群れの中で育児を担当するクレイシというグループがある

8割程度がオス同士で交尾する

Honey bee

仕事を追うても
仕事に追われるな

ミツバチの教え

セイヨウミツバチ

ハチ目ミツバチ科
体長（女王バチ）15~20mm

主な生息地
世界各地

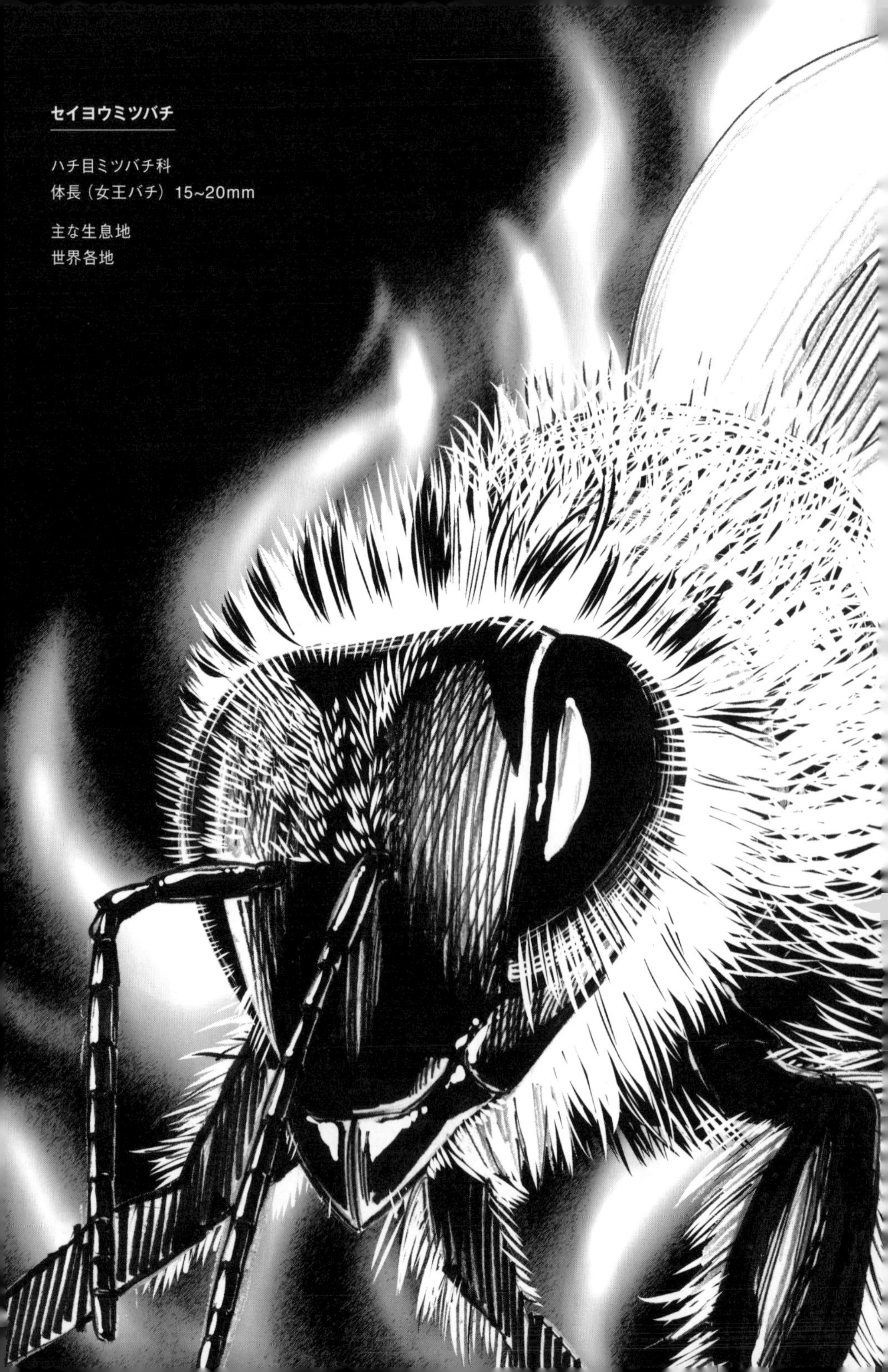

人は働かなければ
食べてゆけぬが、
働くことは決して楽しい
ことばかりではない。
この働き方に
ついて
ミツバチはあることを
教えてくれる。

ミツバチは
階級制の社会を築き、
人間の社会に似た
集団生活を営む。

働きバチは幼虫の世話や
巣房《すぼう》の修復、保持、自衛など、
様々な仕事を
分担して行う。

最も代表的な
主食（はちみつ）を集める
作業もここに含まれる。

エサ係のミツバチが
集めた蜜は、
巣房の中にいる
貯蔵係のミツバチに
渡される。

貯蔵係はエサ係に比べると
数が少ないため、
蜜を渡すための順番待ちが
発生するのだが――

早くに並んでいたのに
あとからきたミツバチに
割り込まれて、
なかなか順番が
回ってこないハチがいる。

というのも貯蔵係のミツバチは
巣房に到着した順番ではなく、
糖度の高いよい蜜を
優先的に受け取っている。

つまり、品質の悪い薄い蜜しか
持ってこられなかったハチは
他のミツバチに
割り込まれることを受け入れ、
自分の順番が回ってくるのを
待ち続けるのだ。

しかしながら、
よく働くミツバチには
次々と仕事が回されて
寿命が極端に短くなる。

不まじめでは
仕事が与えられず、
まじめなだけでも
身を滅ぼす。
何にどう
時間を使うか。
そのさじ加減で
美味しくも
まずくもなるのが
人生である。

役割をまっとうするということ

ミツバチの世界において、働きバチは実はすべてメスだ。営巣（巣づくり）、幼虫や女王の世話、餌集め、兵隊など様々な仕事があるが、これをすべて女王バチ以外のメスが受け持っている。

オスがいないわけではない。一つの巣には1匹の女王バチと100〜2500匹ほどのオスバチがおり、働きバチ（メスバチ）は3万〜6万匹存在する。

女王バチにはひたすら卵を産み続けるという重要な仕事があるが、オスは巣にいる間は何もしない。働きバチから餌をもらい続けるだけだ。

では、オスは何をするために存在するのか。それは、交尾のためである。新女王が巣から飛び立ったとき、女王を追いかけて交尾をするのだ。

ラクな身分だと思うかもしれないが、実はオスには悲しい運命が待ち受けている。

新女王と交尾できるオスはほんの一握り。1匹の新女王はこのとき受け取った精子だけで一生分の卵を産み続ける。新女王にいち早くたどり着くことができた有力なオスのみが精子を新女王に託し、交尾にありつけなかったオスは元の巣に引き返すことになる。ところが、引き返したオスは働きバチたちに追い出される。追い出されまいと必死に巣の淵《ふち》に掴まるオスバチもいるが、結局みな餓死してしまう。

一方、交尾に成功したオスはどうだろうか。実はこちらも、幸せな老後が待っているわけではない。ミツバチのオスは交尾した瞬間に生殖器が破裂し、新女王の体内に精巣ごと取り込まれ、ショック死する。女王中心に回っているミツバチの社会では、働きバチもオスバチもみな過酷な環境に置かれているのだ。

他方、交尾に成功した女王バチは次代の女王となるハチの卵を産む。次期女王は、「王台」と呼ばれる特別製の巣穴の中で栄養価の高いローヤルゼリーを成虫になるまで食べ続ける（一般の働きバチには生後1日〜2日程度しか与えられない）。そのために、女王バチは働きバチの2〜3倍ほどの身体の大きさ、30〜40倍という寿命を手に入れるのである。

なお、女王が次期女王の卵を産む前に急死した場合はどうなるだろうか。

働きバチの卵や若い幼虫がすでにいる場合には、「変性王台」という急作りの王台が作られ、働きバチが新しい女王バチとして育てられる。一方、卵や若い幼虫がいなかった場合は、成虫の働きバチの生殖器が発達し、産卵を始める。しかし、交尾をしていない働きバチは無精卵しか産めないため、孵化《ふか》するのはすべてオスバチ。巣は徐々に崩壊し、消滅してしまう運命にある。

ミツバチがこのような仕組みで生きているのは、「半倍数性」という遺伝子の残し方を行っているからだ。人間などと違い、働きバチたちが自分で子どもを産むよりも、母である女王バチに産んでもらったほうが、より濃く自分の遺伝子情報を次世代に残せるのである。

また、働きバチ同士が協力することで幼虫の生存率を大きく上げることもできる。

ミツバチの世界では個々の意志は無視されるが、集団の中での役割、組織としての統率力はどんな国、どんな組織よりも秀でている。

ミツバチを見かけたときには、彼らの背負う役目に想いをはせてみるのもいいだろう。

Honey bee

ミツバチの豆知識

ミツバチが一生かかって集めるはちみつはティースプーン１杯ほど

花粉が入らないようにミツバチの眼には毛が生えている

天敵のスズメバチが巣に侵入すると群がって羽ばたき、熱でスズメバチを蒸し殺す

労働時間は繁忙期で１日６時間。なかなかホワイト

朝早くから夜遅くまで働けるミツバチと遅くからしか働けない怠け者のミツバチがいる

女王バチの寿命は、働きバチの20倍以上、大きさは２倍ほど違うが、元々は同じ幼虫。ローヤルゼリーだけで育てられた幼虫のみが女王バチになる資質を得る

Naked mole rat

おごれる者は久しからず

ハダカデバネズミの教え

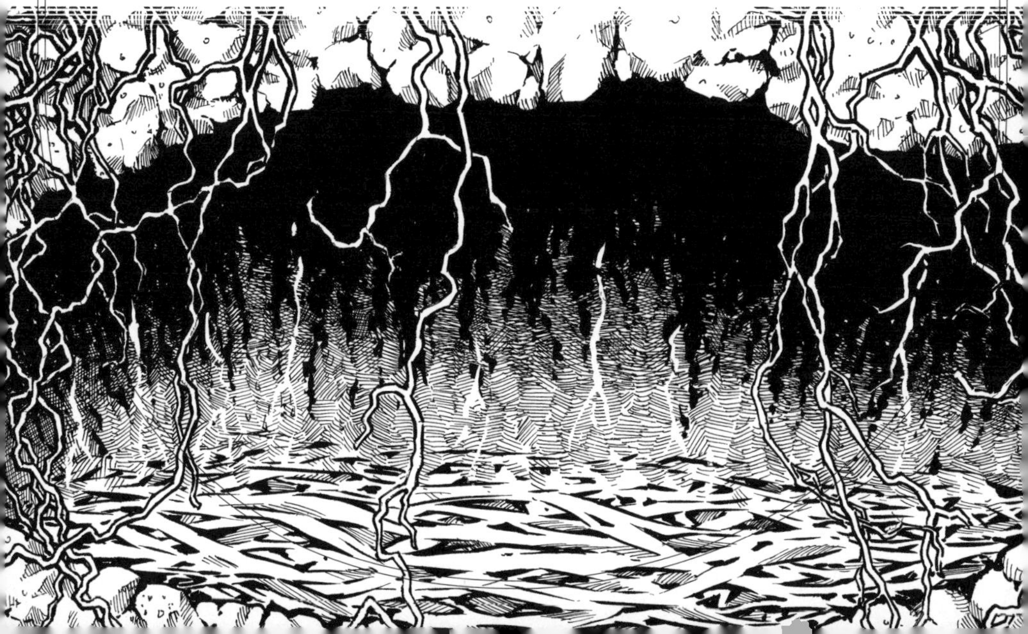

ハダカデバネズミ

げっ歯目デバネズミ科
体長 8 ～ 9cm

主な生息地
エチオピア・ケニアなど

「祇園精舎《ぎおんしょうじゃ》の鐘《かね》の声
諸行無常の響きあり
沙羅双樹《さらそうじゅ》の花の色
盛者必衰の理をあらわす」
平家物語の一節だが、
変わりゆく世の中では、
どれだけ勢いのある人も、
いつまでもそのままでは
いられないものである。
ハダカデバネズミ。

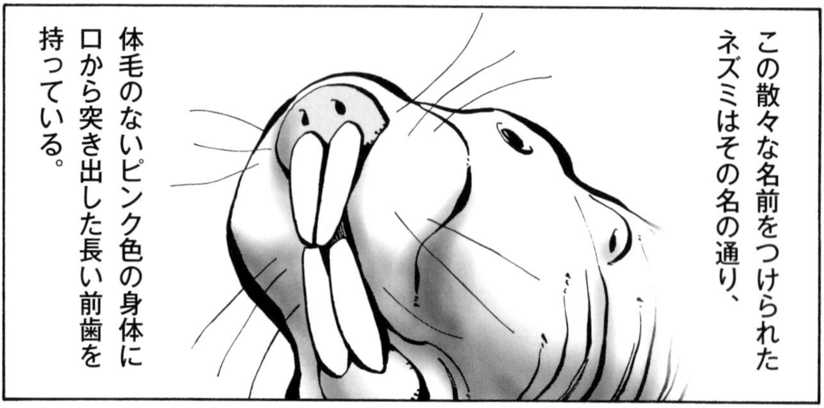
この散々な名前をつけられた
ネズミはその名の通り、
体毛のないピンク色の身体に
口から突き出した長い前歯を
持っている。

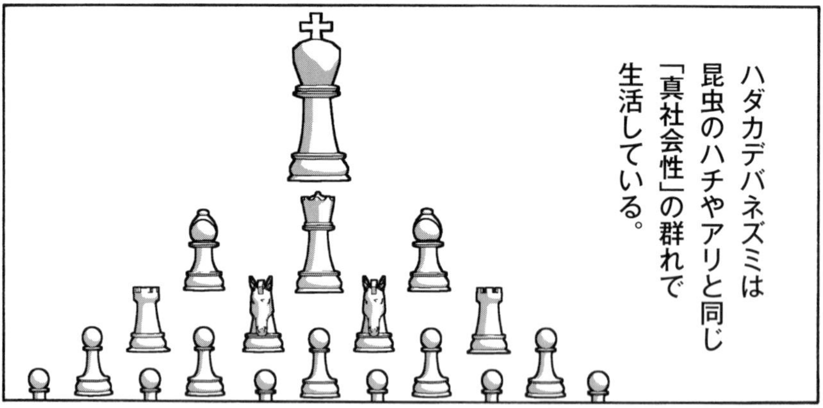
ハダカデバネズミは
昆虫のハチやアリと同じ
「真社会性」の群れで
生活している。

地中に多くの部屋が通路で
繋がれた、アリの巣のような
巣を作る。

群れは女王ネズミ1匹と
1～3匹の王ネズミ、
数十から数百の働きネズミで
構成されている。

実権は完全に女王ネズミが
握っており、
王ネズミは常に子作りを
強要させられるため、
痩せ細っている。

しかし、アリやハチと違い、
デバネズミの世界では下克上《げこくじょう》
が起きることがある。

女王の地位は決して
盤石《ばんじゃく》ではないのだ。
そのため、女王はやられる前に
やってやるとばかりに他の
ハダカデバネズミを攻撃し、
自分の力が勝っていることを
見せつける。
他のハダカデバネズミが
反乱を起こさぬよう、
巣穴を見張り歩くのだ。

トップをひた走るというのは、
簡単なことではない。
CEO
重要なのは、
トップを獲ったとき
どうするかである。
プレッシャーや恐怖に負けて
虚勢を張るか、
世の中は移り変わるものだと
割り切り、初心を忘れずに
謙虚な姿勢を保てるか。
ハダカデバネズミの
女王のように
常にまわりを恐れ、
攻撃するような人生は、
きっとつらいだろう。

働かない者の存在意義

仕事を分担し、1匹の女王のみが子どもを残す「真社会性」は昆虫ではアリやハチ、シロアリなどいくつかの種類で見られるが、哺乳類《ほにゅうるい》ではハダカデバネズミとデマラランドデバネズミのみだ。

真社会性の群れでは、女王以外のメスは妊娠することができない。これは、昆虫の場合は女王が発するフェロモンによって、デバネズミの場合は女王の尿に含まれるフェロモンによって生殖を抑制されているからだ。

このような決定的な違いはあるものの、真社会性には我々人間社会との多くの共通点もある。その一つが、群れの中に必ず「働き者」と「怠け者」がいることだ。

たとえばアリの場合、よく働くアリと怠け者のアリの割合はおよそ2：8だと言われる。さらに細かく分けると、よく働くアリ、それなりに働くアリ、怠け者のアリの比率は2：6：2になる。

人間の目線で考えれば、怠け者は穀潰《ごくつぶ》し。彼らをリストラして追い出したほうが効率がいいように感じるが、実はそうではない。すべてのアリが等しく働きすぎれば、その群れは寿命が短くなる。すべてのアリが同じタイミングで疲労死する可能性もあるのだ。確実に生き残るものがいなければ、群れの全滅につながるのである。

事実、怠け者のアリだけを集めた場合でも、不思議なことにその中から働き出すアリが出現して、結局同じくらいの割合に落ち着く。

これに関連して、デマラランドデバネズミを扱った興味深い研究がある。

デマラランドダカデバネズミの中にも、働かないグループがいる。勤勉なグループが95%の仕事を受け持っているのに対し、怠け者のグループはほとんど働かずに餌を食べているだけ。そのため、働くグループよりもはるかに太っている。

この働かないデバネズミは、働くデバネズミが疲労したときのスペア（交換要員）ではなく、他の役割を持っているという仮説がある。それは、「繁殖」だ。

デバネズミは地面を掘って巣を作るが、彼らにとって雨のときは土がやわらかくなるので、巣を広げる絶好のチャンスである。このとき、女王と怠け者のグループの代謝量が急激に上がるのだ（働き者のグループにはその傾向が見られない）。

デバネズミは女王の尿によって生殖が抑制されているが、女王から離れれば生殖も可能、つまり、働かないグループは新たな群れを作ることができるのだ。働かないグループは、そのために存在しているのではないかと考えられているのだ。

……ただし、例外もある。たとえばアリの中には女王を持たず、働きアリが卵を産む種がある。その中には、「どんなことがあっても働かないアリ」がいる。この完全にフリーライダーのアリが増加すると群れを維持できなくなるのだ。

自然界の法則に従えば、組織ができれば、怠け者は必然的に生まれてくる。その存在にどのような意義をつけ、活かすことができるか、人間の知恵が問われる。

Naked mole rat

ハダカデバネズミ
の
豆知識

極度にガンになりにくい

子どもを温める「ふとん係」が存在する

外敵のヘビが来ると１匹が自ら犠牲になって、その間に仲間が穴を埋める

出っ歯が唇を突き破って生えているので、土を歯で削っても口に土が入らない

げっ歯類には珍しく長命で、飼育下では40年近く生きることもある

Sea otter

過ぎたるは
なお及ばざるがごとし

ラッコの教え

ラッコ

食肉目イタチ科
体長 1.4 〜 1.5m

主な生息地
千島列島〜アラスカ沿岸

他人より活躍して
認められたい。
他人よりいいものがほしい。
これら願望は
人間が
生きるうえでの原動力の
一つである。
北海のアイドル、
ラッコ。

ラッコは霊長類以外で
唯一道具を使う哺乳類《ほにゅうるい》だと
言われており、
お腹の上に置いた好物の貝を
平たい石を使って器用に割る。

気に入った石が
見つかると、
脇の下にある
ポケットのような
くぼみに入れて
どこへでも
持っていく。

ラッコの自慢は
この石である。

お気に入りの石を
仲間のラッコの鼻先に
高く掲げアピールする。
石へのこだわりは
極めて強く、
お気に入りの石を
うっかりなくして
しまうと、
食事ものどを通らないくらい
ひどく落ち込み、
代わりの石を与えられても
拒むという。

水族館にいるラッコたちは
高くかかげた石で
窓ガラスを叩く。
割れることは
ないが、
長年続けると
細かい傷がつき
曇ったように見える。
他の海洋生物の水槽と
ラッコの水槽を見比べると、
ラッコの水槽だけやたら
曇って見えづらいことが
わかるだろう。

曇った水槽から見える
ラッコはどことなく
小汚い印象すら与える。
自慢も過ぎれば、まわりが
曇って見えなくなる。
すると、
徐々に人が
離れていく。
水族館のガラスは
取り替えることができるが
人の評判は取り替えることが
できない。
ラッコは
そんな大切なことを
教えてくれる。

草食化するラッコたち

ラッコが日本の水族館にやってきたのは、1980年に入ってからのことである。その愛らしさで爆発的なブームを引き起こしたが、日本で見ることができるのもあと数年かもしれない。

ピーク時には国内で122頭飼育されていたラッコだが、現在ではたったの13頭。そもそも日本以外の水族館ではほとんど飼育されておらず、ヨーロッパで唯一飼育されていたラッコも2013年に亡くなっている。

実は、ラッコはその毛皮の需要から乱獲されたり、生息地にタンカーの事故が起きたことにより絶滅危惧種に指定されている。また、輸送時に興奮すると死んでしまうこともあり、主な輸出地であったアメリカやロシアでも輸出が停止されている。そのため日本は新たなラッコを輸入することができず、繁殖に望みをかけるしかないが、日本にいるラッコの多くは繁殖年齢を過ぎた高齢のラッコである。そのうえ、水族館で見ることができるラッコはほとんど水族館で生まれ育ったため、性格がおとなしい。

元来、野生のラッコは波の中でも体制が崩れないようにメスの鼻に激しく噛みつきながら交尾をするほど激しい性格なのだが、水族館育ちのラッコはメスに少しでも抵抗されるとあきらめてしまう。

また、子どものラッコは大人のラッコからの攻撃や、近親交配などを防ぐためにしばらく大人と隔離されている。その結果、交尾の方法が学習できないのではないかとも考えられている。

問題はもう一つあり、ラッコは水族館の動物の中でも3本の指に入るほど餌代が高い動物である。その金額は、1匹あたり年間400～500万円ほど。泳ぎがヘタなため、捕獲しやすいウニやアワビなどの高級海産物を好むのだ（さすがに水族館ではホタテなどの貝類やイカを主に与えられている）。

また、ラッコは冷たい海出身のため、1日に体重の20～30％ほどの餌を食べて体温を維持しようとする。子育て期のラッコはさらにこの2倍ほどの餌を食べる。他の海洋性の哺乳類と異なり、皮下脂肪が少ないラッコはひたすら餌を食べ続けないとたちまち凍死してしまうのだ。

ストレスに弱く、高級食材ばかりを食べ、さらに大食漢。

このように不憫《ふびん》なラッコだが、近年では生態系を守るうえで重要な役割を果たしていることがわかった。ラッコが激減した地域では餌であるウニが増えた結果、海藻《かいそう》がなくなり、海が砂漠化して海藻群を拠《よ》りどころとしていた貝類や魚が減ってしまっているというのだ。

ラッコは、人間によって絶滅の危機に瀕している動物の一種である。

高額な餌代に貢献するためにも、ぜひとも日本で見ることができるうちに、ラッコのいる水族館に足を運んでほしい。

Sea otter

ラッコの豆知識

手のひらには毛が生えていないので、冷えやすい。そのため、目や口で温める

眠るときは流されないように海藻を身体に巻きつけるが、海藻がないときはラッコ同士で手をつなぐ

泳ぎがうまくないため、ウニや貝などの高級食材を好む

毎日自らの体重の1/4の量の食べ物を食べる

川に進出したイタチがカワウソ、海に進出したイタチがラッコ

最も毛深い動物と言われ、8億本の毛が生えている

Capybara

和をもって貴しとなす

カピバラの教え

カピバラ

げっ歯目カピバラ科
体長 75 ～ 130cm

主な生息地
南アメリカ（アマゾン川流域）

人気者になりたいと、
思ったことは
ないだろうか。

ところが、行きすぎた
承認欲求や自己顕示欲は、
時として争いの火種を生む。
成人式
いったい、
どうすればこの欲求を
満たせるのだろうか。

その方法を教えてくれるのは、
カピバラ。

世界最大の
げっ歯《し》類で、
そのルックスから
近年絶大な人気を
博している。
カピバラは人間だけでなく、
他の動物たちからも
愛されており、
その性格を
一言であらわすと
「温厚」につきる。
鳥に乗られても、
サルに囲まれても平気。

ワニとだって
仲よくできるのだ。

他の動物が競い合うように
カピバラの背中の上を
奪い合うことさえある。

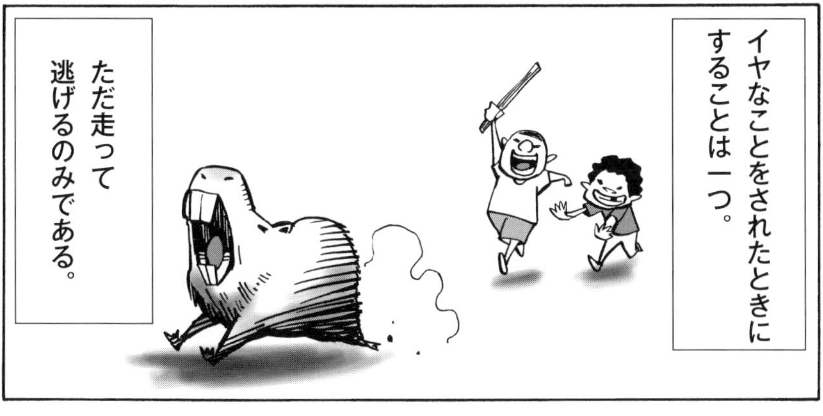
イヤなことをされたときに
することは一つ。
ただ走って
逃げるのみである。

最大時速50㎞。
そのスピードは陸上競技の金メダリストに勝る。

当然カピバラは、カピバラ同士でも仲がいい。

血縁関係のあるメスが共同で子育てを行うことで知られ、
カピバラの赤ちゃんは群れのどのメスからでもお乳をもらえる。

些細《ささい》なことは気にしない。
そして、愛情深いのだ。
カピバラという名前には現地の言葉で
「草原の支配者」という意味がある。
誰とでもよい関係を築ける者は、
平穏でゆとりのある人生を歩むことができる。

人気者の生き方

カピバラは世界最大のげっ歯類であり、種としてはモルモットに近い。頭が大きくぬぼっとした顔立ちから「南米のカバ」や「水の豚」といった意味の名前で呼ばれることもある。

実際、カピバラはカバと同じく1日の大半を水の中で過ごす半水生の動物なので、水面に少しだけ顔を出したときでも周囲を見渡し、呼吸ができるように頭の上部に目や鼻が集中している。

泳ぎが得意で手足には水かきを持ち、5分間程度なら水中に潜っていることもできる。日本の動物園でも温泉などに好んで入る様子がしばしば報じられているのはそのためだ。

現在は禁止されている国も多いが、元々、南米ではカピバラは食用にもされていた。キリスト教を布教する際に復活祭までの肉食禁止期間にカピバラを食べられないことが布教のネックにならないよう、バチカンでは水の中で生活するカピバラを魚類として認めることにしたのだ。ちなみにカピバラの肉は豚肉のような味がするらしい。日本にも食用を目指して輸入されたことがあったが、硬さのため断念されたのだとか。

本来野生のカピバラは臆病な性格だが、懐きやすく、飼いやすいため、多くの動物園や水族館で飼育され、人間界にもすっかり溶け込むことができる。一度懐くと完全に警戒心を失ってしまうのか、道の真ん中で毛のないお腹丸出しで仰向けに寝ている姿が話題を呼んだ。

リオ五輪の際、ゴルフコース競技場の周囲にはサルやワニ、フクロウなど様々な動物が生息し、競技中にもその姿をたびたび見られると話題になったが、そこでも特に注目されていたのがカピバラだ（原産地であるブラジルにはカピバラが多数生息し、ペットとして飼育している家庭も珍しくない)。

このときカピバラは、競技中のゴルフ場にやってきて、選手や審判が大勢いるグリーンのすぐ横まで歩いてきたが、何を思ったか元来た道をサッと戻っていった。

様子を見ていた日本代表の丸山茂樹選手は「カピバラなりに空気読んでいた」とコメント。空気を敏感に感じ取る能力は、人気者には欠かせない。

ちなみに、那須動物王国に住むカピバラには「ソルト」と「のり」という親子がおり、この名前に目をつけたカルビーにスカウトされ、2016年4月に同社に入社した。その働きぶりはなかなかの評判で、新入社員研修の一環でじゃがいもの収穫現場にも立ち会ったという。

Capybara

カピバラの豆知識

カピバラの毛皮をカーピンチョという

ベネズエラでは食用にもなっていて、
マクドナルドのハンバーガーに一部使用されたことがある

秋篠宮家で飼育されていたことがある

赤ちゃんの面倒を見るのは父親

外敵に襲われそうになると、子どものまわりを
大人のカピバラが囲むように盾になって歩く

和名は鬼天竺鼠（オニテンジクネズミ）

Elephant

生まれながらの長老なし

ゾウの教え

アフリカゾウ

長鼻目ゾウ科
体長 6~7.5m

主な生息地
アフリカ（サバンナ）

一流と言われる人は、
みな特別な才能を
持っているものだ。

「自分にもあんな
才能があれば…」
そううらやむことが
あるかもしれない。

陸上で最大の動物、
ゾウ。

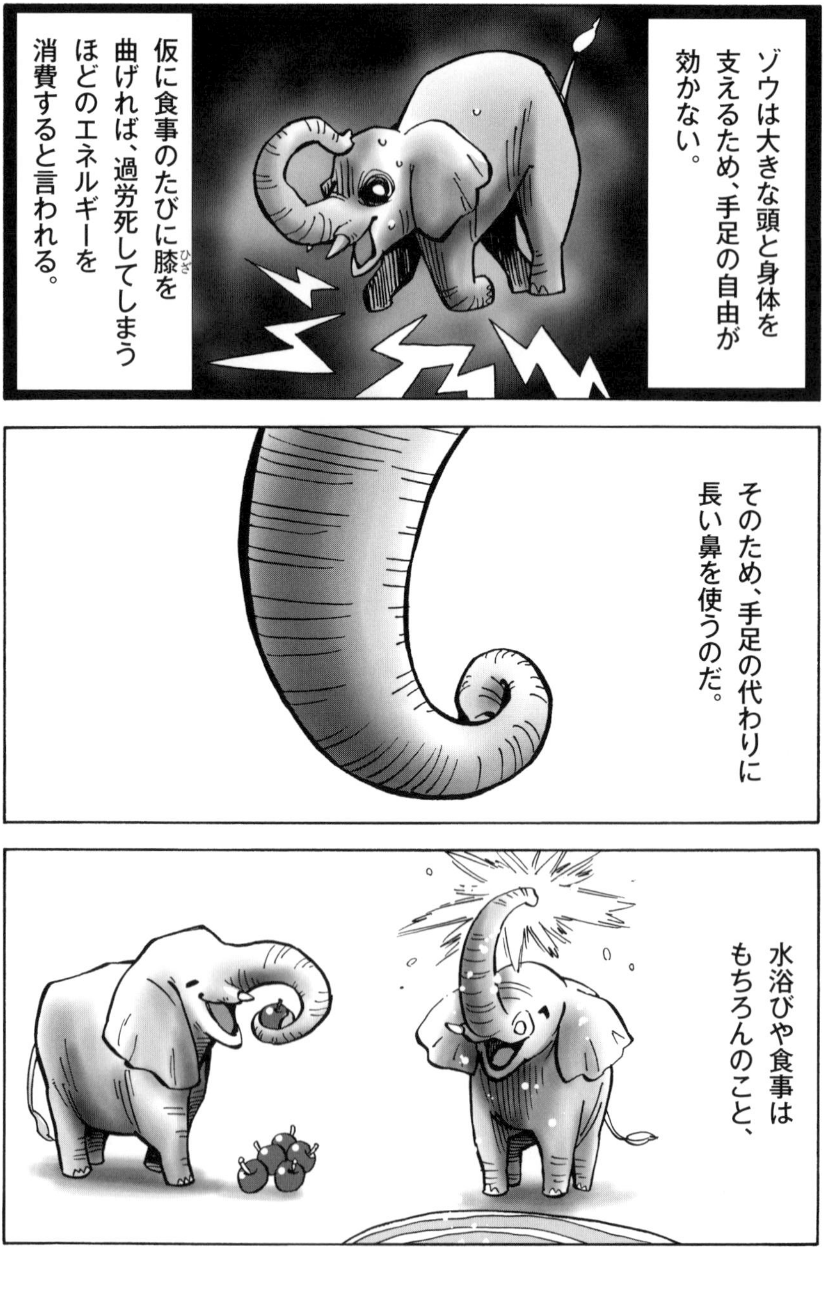
ゾウは大きな頭と身体を
支えるため、手足の自由が
効かない。
仮に食事のたびに膝《ひざ》を
曲げれば、過労死してしまう
ほどのエネルギーを
消費すると言われる。
そのため、手足の代わりに
長い鼻を使うのだ。
水浴びや食事は
もちろんのこと、

仲間同士で
コミュニケーションを
とったり、
筆を持って
絵を描くゾウもいる。

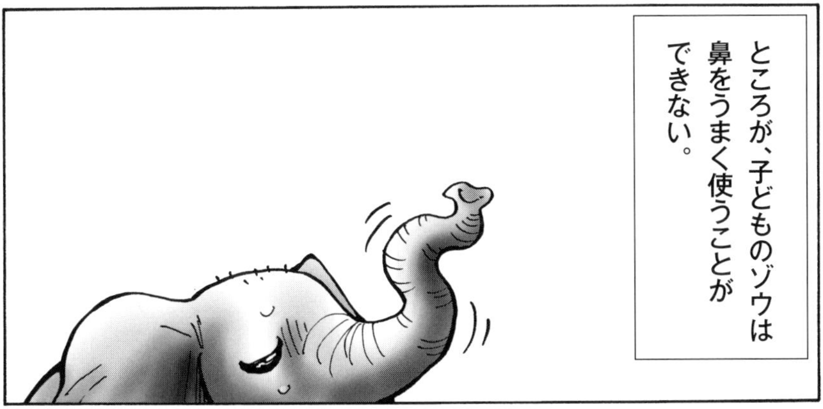
ところが、子どものゾウは
鼻をうまく使うことが
できない。

生まれたばかりのゾウは、
自分に長い鼻がついている
ことに気づくと
混乱してしまう。

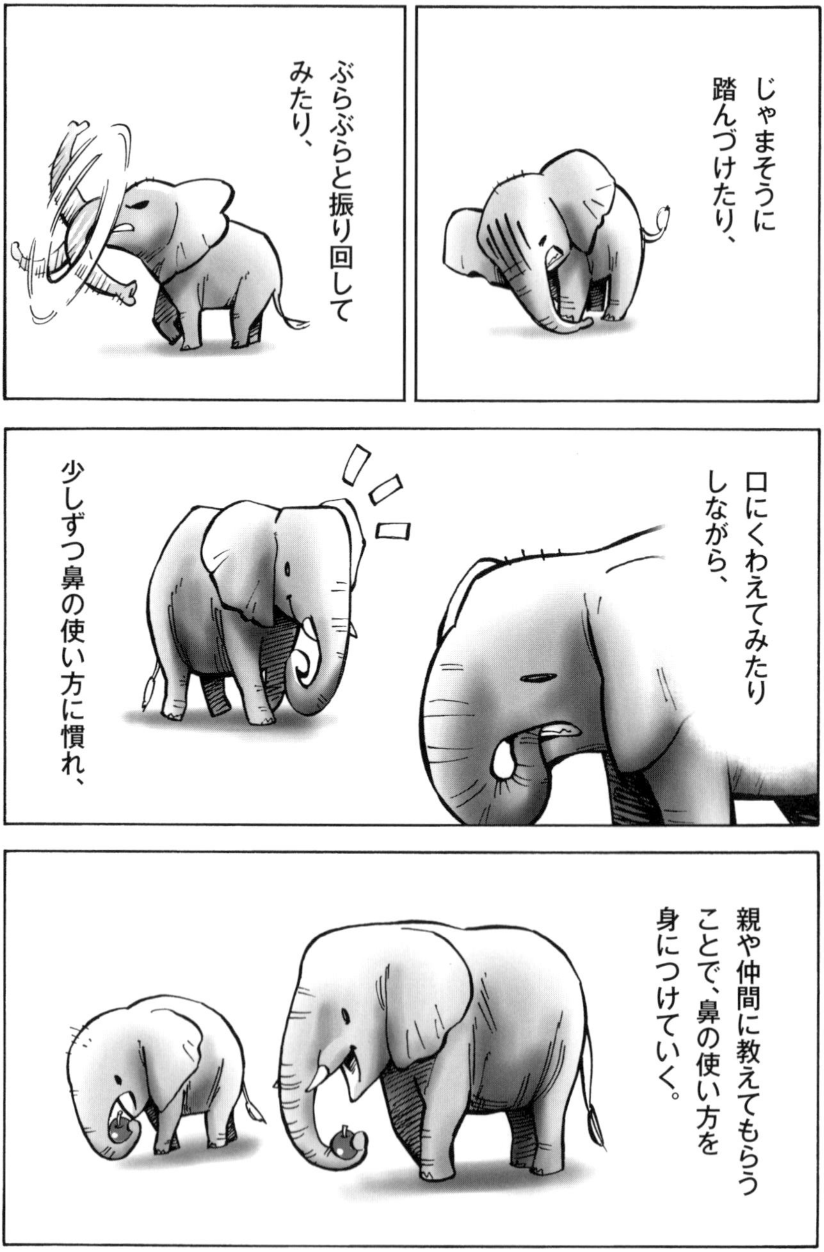
じゃまそうに
踏んづけたり、
ぶらぶらと振り回して
みたり、
口にくわえてみたり
しながら、
少しずつ鼻の使い方に慣れ、
親や仲間に教えてもらう
ことで、鼻の使い方を
身につけていく。

そうして段階を
踏んでいくことで、
見事な「鼻さばき」を
手に入れるのである。

一流のスポーツ選手だって、
ハイハイを
していた時期がある。
ノーベル賞を受賞した
科学者だって、初めは
足し算から始めた。

才能とは
何もないところから
生まれるのではなく、
学ぶ姿勢、たゆまぬ研鑽《けんさん》に
よって磨かれていく
ものなのである。

鼻もすごいが、耳もすごい

ゾウのメスは妊娠期間が21～28ヶ月と人間の2倍以上、さらに子育てに2年ほど要するので、慎重にオスを選ぶ。

普段はオス同士メス同士の群れで生活し、メスが発情期に入ると尿中のフェロモンでオスが寄ってくる。このとき、強いオスほど優先的にメスにアピールすることができる。

オスには「マスト」と呼ばれる発情期があり、マストの時期には男性ホルモンが通常の20倍ほど分泌され、こめかみのあたりからタールのような液体を出し、尿を垂れ流し続ける。メスは、このフェロモンに反応してオスを選ぶ。中には、どのオスにも反応しなかったのに、特定のオスにだけ反応する一目惚れのような現象も見られるという。

なお、温厚なイメージで知られるゾウだが、暴れ出すと誰にも手がつけられなくなり、軍隊の出動を要請することもある。過去には好きなメスへの好意が実らなかったことで凶暴化し、家屋を踏み潰し、15人もの人間を殺したゾウもいた。

普段は理性的で、飼育員や公園レンジャーなどの人の顔や臭いを覚える。そして、自分たちに危害を与えない安全な人間だと認識すればフレンドリーに接するのだが、その巨体ゆえに暴れ出したら止められない。

そんなゾウの特徴といえば長い鼻だが、実は耳にも大きな特徴がある。アフリカゾウの耳の周囲の長さは300㎝にもなるが、それには理由があるのだ。

1つは遠くの音を聞くためだ。パラボラアンテナのような形をした耳は音を集めやすく、10㎞先にいるゾウともコミュニケーションをとることができる。インド洋大津波の際には事前に異常に気がついたゾウが集団で高台に移動したという話も残っている。

2つ目は敵を威嚇《いかく》するためだ。成体になると3mを超えるほど大きくなるゾウは武器を持った人間以外にめぼしい敵はいない。それでも、子どもを守るときなどは戦わなければいけない。しかし、かかってくる敵に対して本気を出して戦うのは体力の消耗につながる。そのため、ゾウは耳を広げてさらに身体を大きく見せることによって相手を威嚇し、あきらめさせるのだ。

3つ目は体温の調節のためだ。体重の割に表面積の小さいゾウは体温を調節することが苦手だ。ゾウは血管がたくさん通った大きな耳をパタパタとさせることで体温を下げ、50℃にも達するサバンナを生き抜いている。

ちなみに身体がシワシワしているのにも表面積を広げ、熱を逃がすという意味がある。ゾウは地上の動物では最強と目されているが、暑さには弱いのだ。

Elephant

ゾウの豆知識

非常に賢く、死を認識し、仲間の葬式をあげるゾウが確認されている

動物園の飼育係は、ゾウの前ではどんな偉い人に対しても敬語を使わない（雰囲気で上下関係を察したゾウが飼育員を舐めてかかるようになり、危険なため）

タイやラオスでは、国旗に採用されるほど「白いゾウ」が神聖視されている

ただし、飼育に莫大な維持費がかかることから、「white elephant」は英語で「ありがた迷惑」の意味（その昔、タイの王様が敵にわざと白いゾウを贈ったという故事が由来）

嗅覚はイヌの２倍

8.245+6.807×（象の身長）+7.03×（象の前足の太さ）でゾウの表面積が求められる（イグノーベル賞受賞）

Squirrel

使わぬ宝はないも同然

リスの教え

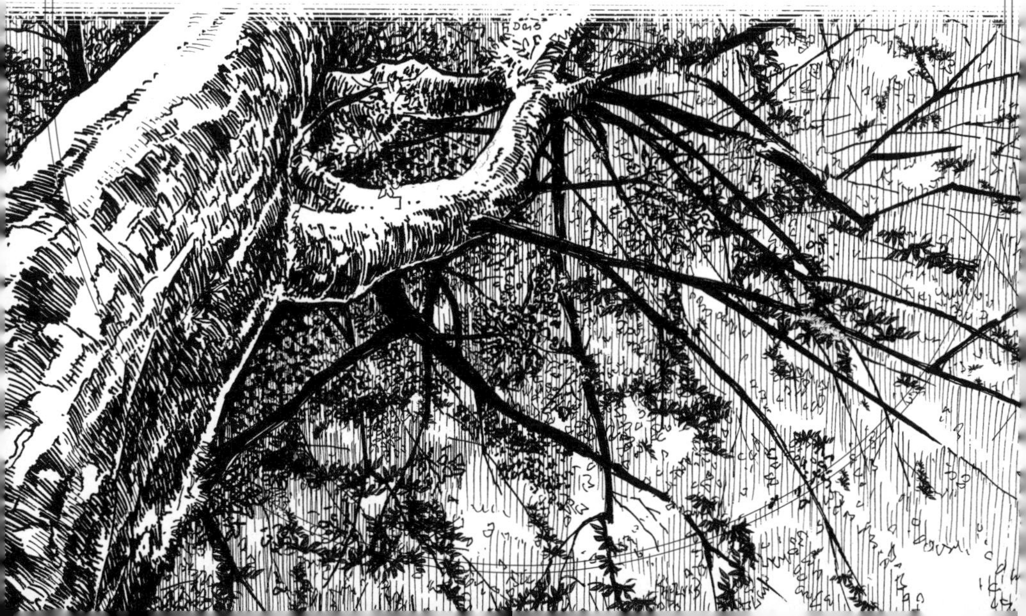

シマリス

げっ歯目リス科
体長 12 ～ 17cm

主な生息地
北アジア・北アメリカなど

あなたの強みは何ですか？
パワー
スピード
テクニック
メンタル
スタミナ
人生を生きていくうえで、
自身の才能や武器を手に入れた人間は強い。
動物の武器といえば、「ライオンの爪」「ワシの翼」「狼の牙」などを連想するかもしれない。
——しかし、

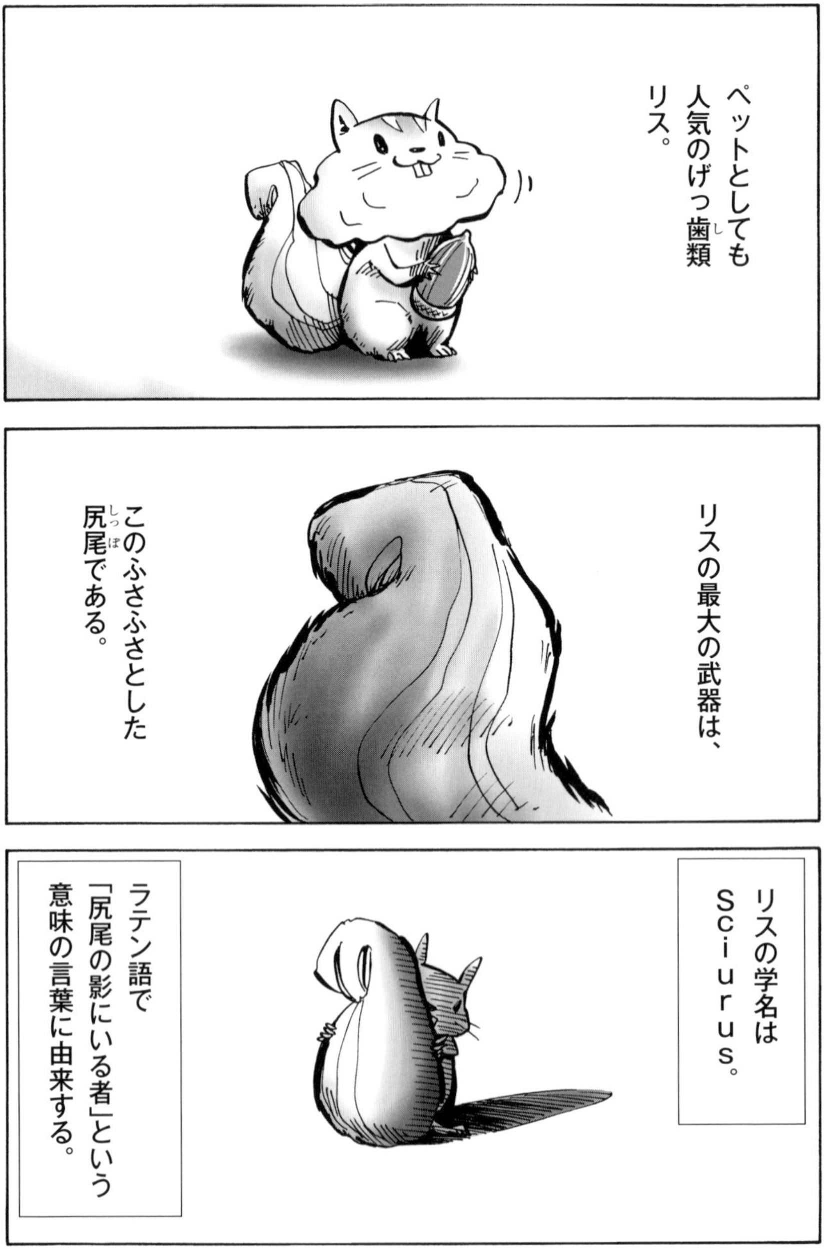
ペットとしても
人気のげっ歯《し》類
リス。
リスの最大の武器は、
このふさふさとした
尻尾《しっぽ》である。
リスの学名は
Sciurus。
ラテン語で
「尻尾の影にいる者」という
意味の言葉に由来する。

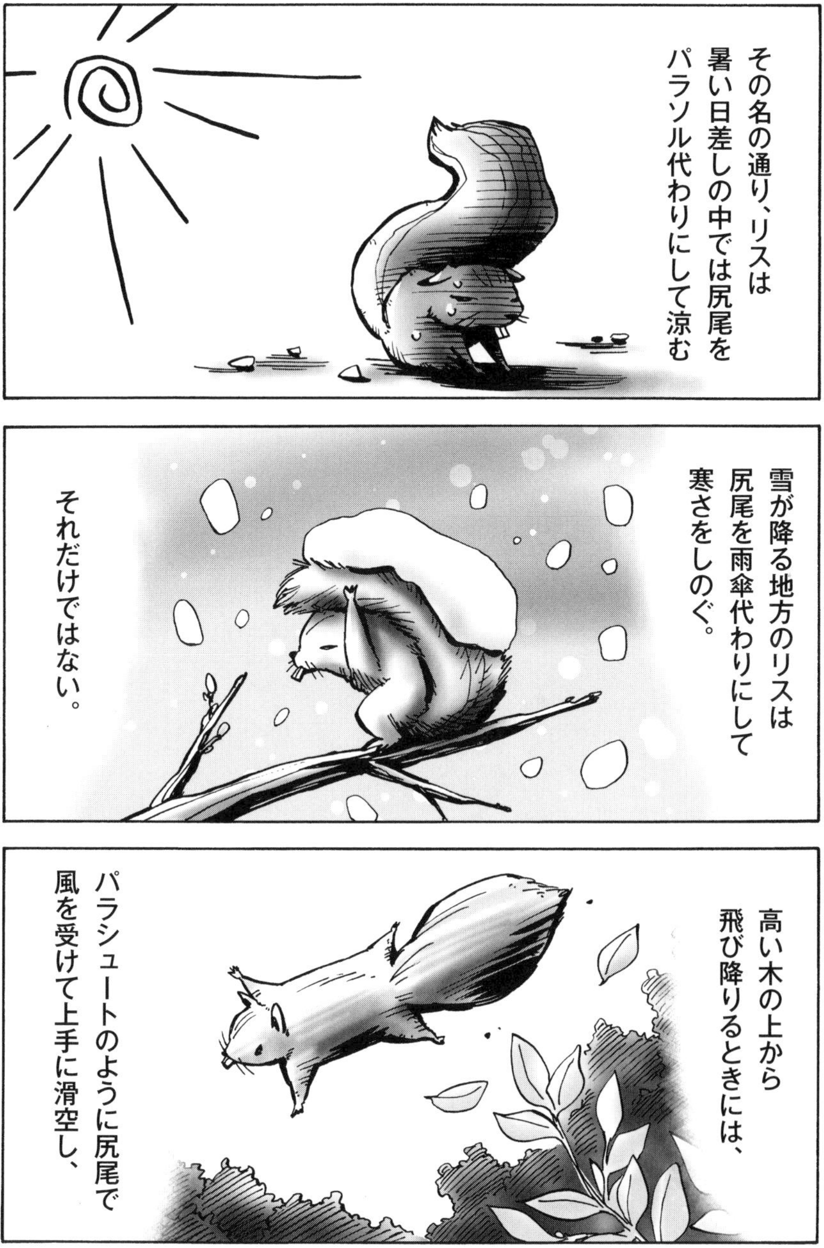
その名の通り、リスは
暑い日差しの中では尻尾を
パラソル代わりにして涼む
雪が降る地方のリスは
尻尾を雨傘代わりにして
寒さをしのぐ。
それだけではない。
高い木の上から
飛び降りるときには、
パラシュートのように尻尾で
風を受けて上手に滑空し、

眠りにつくときは
抱き枕のように抱えて寝る。
天敵のヘビや鳥に
襲われたときは
尻尾を逆立《さかだ》てて
威嚇《いかく》し、
どうしようも
なくなると、
トカゲのように
尻尾を切り離して
囮《おとり》にして逃げる。

生物は誰でも武器を
持っている。
「派手で」「かっこいい」
ものだけではない。
与えられたものすべては
武器になり、
とことん使いこなせば
大きな強みとなる。

「可愛い」は、いいことばかりでない

リスの仲間は熱帯雨林から砂漠、北極圏まで世界中のほぼすべての場所に分布している。中世ヨーロッパでは、腹部の白い毛が最高級の毛皮として重宝され、権力や富の象徴として、王族や貴族に愛用された。かつては食用としても好まれ、現在でもイギリスやアメリカの一部で食べられている（リス肉のレシピは様々な文献に残されている）。味のほうはラム肉とカモ肉の中間のような甘みがあり、ジビエに特徴的な臭みがほとんどなく、食べやすいという。

人間との関わりは深く、シートン動物記にも「旗尾リス物語」というリスのエピソードが収録されている。この物語に登場するリスは子どものときに親兄弟を失い、人間に捕まってネコの餌として与えられてしまうのだが、そのネコに育てられて、立派に成長していく。

ネズミの仲間であるリスがネコに育てられたと聞くと、とんでもない夢物語のような印象を受けるが、実際ネコなど他の動物に育てられたリスの例は多く報告されている。

ネコに育てられたリスは自分のことをネコだと思い込んでいるようで、グルグルと喉《のど》を鳴らしたり、兄弟分の子猫とじゃれあう様子を見せる。このような例を見ると、リスの可愛さは人間以外にも通用するのかもしれない。

ただし、その可愛さのあまり、アメリカでは人々の娯楽としてリスが公園などに放たれ、瞬《また》く間《ま》にアメリカ全土に生息地を広げた。「可愛いから」と、餌やりをする人が多かったのも原因の一つだ。そのため、近年

では増えすぎたリスが庭を掘り起こしたり、家庭菜園を荒らすなどしたため、害獣として問題視されている。現在、欧米諸国ではリスを駆除の対象として捕獲処分されている。スコットランドでは在来種であるアカリスを守るために実施されたハイイロリスの駆除作戦が英国史上最大の哺乳動物駆除計画となった。リスに限った話ではないが、元々その土地にいない動物が持ち込まれたり、ある種の動物だけが増えすぎることによって生態系が破壊され、結果としてその動物までもダメージを食らってしまうことがある。

「可愛い」という感情は、無責任に発揮されると悲惨な結果を招いてしまう。

最近、日本でも飼育されていた個体が逃げ出すなどして街中でリスを見る機会があるが、つい餌をやってしまうことなどがないように気をつけたい。

Squirrel

リスの豆知識

リスが埋めたまま忘れた木の実から芽が出ることによって地球の緑地化に貢献している

次の年に実るどんぐりの数を予測して繁殖数を調整している

冬眠することで寿命を通常の3倍以上に延ばすことができる

冬眠すると－3℃まで耐えられる

シマリスは頬袋《ほおぶくろ》にアーモンド9個分入れるスペースがある

ガラガラヘビの毒の免疫を持つ種類もいる

キノコも好んで食し、特にトリュフの胞子《ほうし》の分散に重要な役割を持っている

Dolphin

古きを捨て、新しきを得よ

イルカの教え

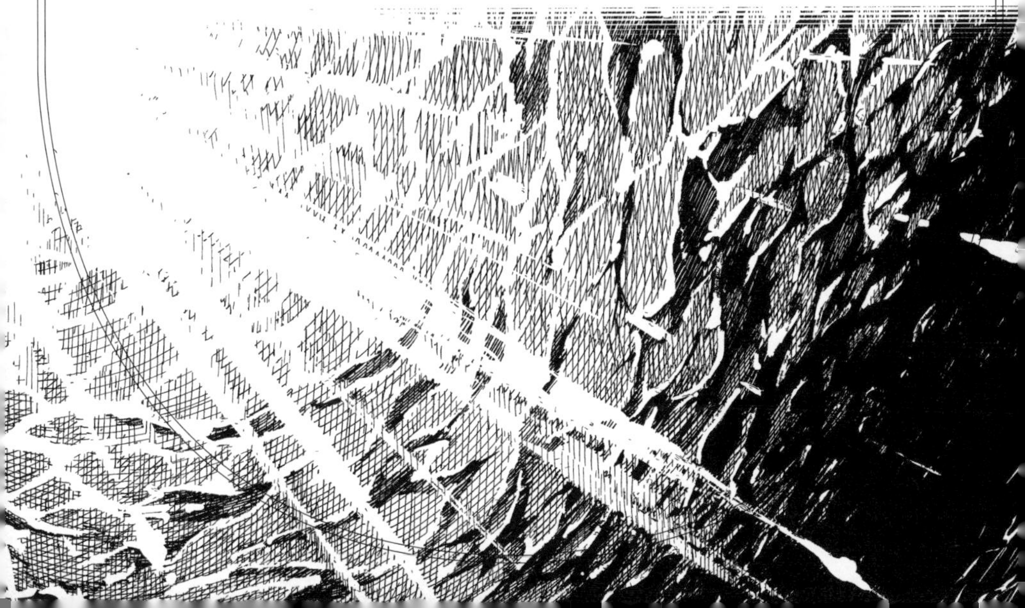

ハンドウイルカ

クジラ目マイルカ科
体長 2 ～ 4m

主な生息地
世界各地の海域（北極・南極以外）

男たるもの…
女たるもの…
世の中には様々な「こうすべき」が満ちており、
べき べき べき べき べき べき べき
先人たちが築いてきた価値観やルールは時に人を悩ませる。
イルカ。

水族館のイルカショーで、
イルカは空中にある輪を
軽々とくぐる。

イルカのジャンプは
最高で8mにも達する。

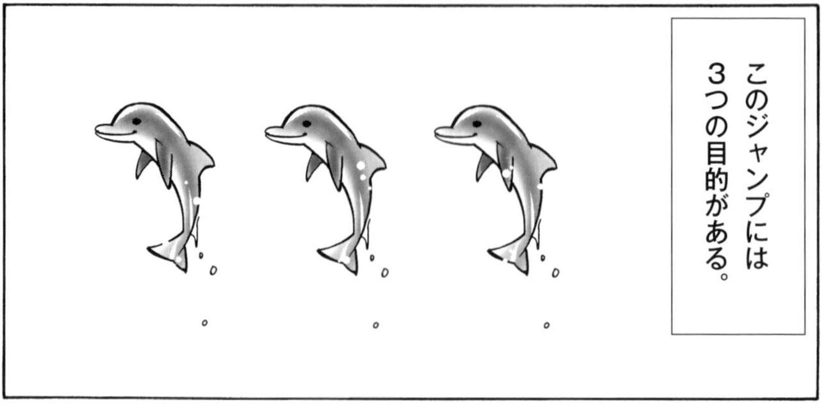
このジャンプには
3つの目的がある。

1つは
求愛のため。
2つ目は
遊ぶため。
そして3つ目は、
古い皮膚を落とすためだ。

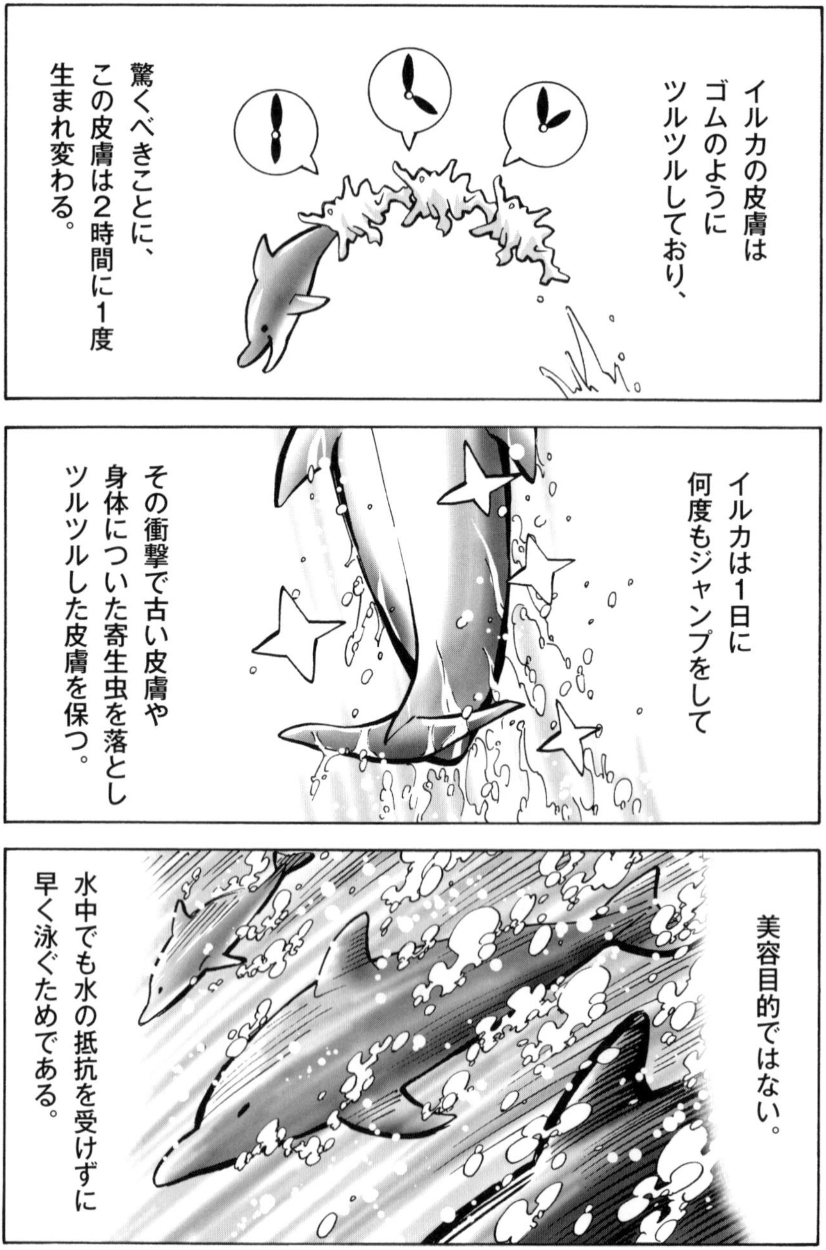
イルカの皮膚はゴムのようにツルツルしており、
驚くべきことに、この皮膚は2時間に1度生まれ変わる。
イルカは1日に何度もジャンプをして
その衝撃で古い皮膚や身体についた寄生虫を落としツルツルした皮膚を保つ。
美容目的ではない。
水中でも水の抵抗を受けずに早く泳ぐためである。

イルカは
教えてくれる。
「高く飛べ
そして古いものを
捨てよ」

心が縛られ、
がんじがらめに
なったときには、
イルカのジャンプを
思い出すといい。

「いじめ」は生物の本能か否か

イルカは水族館の人気者でグッズなども多く、保護活動も活発な人気の動物だ。いつも笑っているような口元やトレーナーの指示に従う従順な様子を見て、温厚なイメージを持っているだろう。

しかし、イルカにも意外な一面がある。イルカは高い知能とコミュニケーション能力を持ち、人命救助のエピソードで知られるが、意外なほど凶暴な動物でもある。

イルカの知能は確かに非常に高く、脳における大脳の割合が人間とほとんど同じだ。人間がいなければ地球の支配者になっていたのではないかとも考えられている。

しかし、知能が高いからなのか、時に非常に残酷な面も見せる。

というのは、イルカはストレスや不満を抱えると、自分より小さいイルカをいじめて、跡《あと》が残るほど強く噛み付いたり、精神的に追い詰めたりする。

他の動物にもよく見られる一対一のいじめだけではなく、群れで一頭をいじめるケースもよく見られる。

いじめをする理由はストレスの発散だけでなく、「力関係をハッキリさせる」ためや「遊び感覚」といった理由も考えられるが、いずれもいじめを受けたほうのイルカは体重が減少したり、胃に病気を抱えたりしてしまう。いきすぎた遊び感覚でいじめられ、傷つけられた赤ちゃんイルカが浜辺に打ち上げられるケースも観測されている。

また、自分たちの主張を通すために集団で他のイルカを襲い、血みどろの闘争に発展する様子も報告されている。

特に狭い水槽の中ではよくいじめが起きる。それだけイルカがストレスを溜めやすいということもあるのだろう。人間でも学校や会社など閉じ込められた小さいコミュニティーの中ではしばしばいじめが起きる。

このいじめによって弱い個体が淘汰《とうた》され、群れ全体の安全が保たれるという考察もあるが、効果を発揮しているという裏付けはない。

同じく知能が高いことで知られる霊長類の中には、チンパンジーのようにイルカや人間同様いじめの多い動物もいるが、ゴリラやボノボのように温厚であまりいじめの起きない動物もいる。

つまり、知能が高いことと残虐性を持つことは必ずしもイコールではないのだ。

種全体で見たときにいじめは同種の個体を減らすデメリットの大きい行為である。ゆめゆめ、いじめを起こそうなどと考えてはいけない。

Dolphin

イルカの豆知識

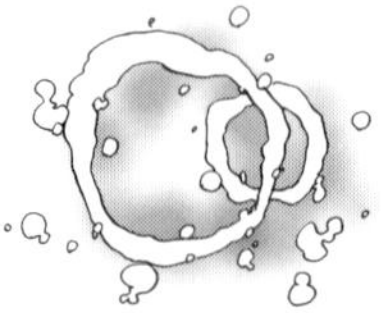

人類の次に知能が高いと言われている

異なる場所に住むイルカ同士は鳴き声に方言がありコミュニケーションがとれないが、その両方と会話できるバイリンガルのイルカもいる

脳を半分ずつ眠らせるので泳ぎながら寝ることができる

フグ毒で薬物中毒（トランス状態）のようになるイルカがいる

頭が先に出ると溺れてしまうので赤ちゃんはすべて逆子《さかご》で生まれてくる

イルカとクジラ（ハクジラ）は大きさしか変わらない

ハンドウイルカには個体ごとに名前がついていて、母イルカが子イルカを名前で呼んだりする

Cattle

持つべきものは友

ウシの教え

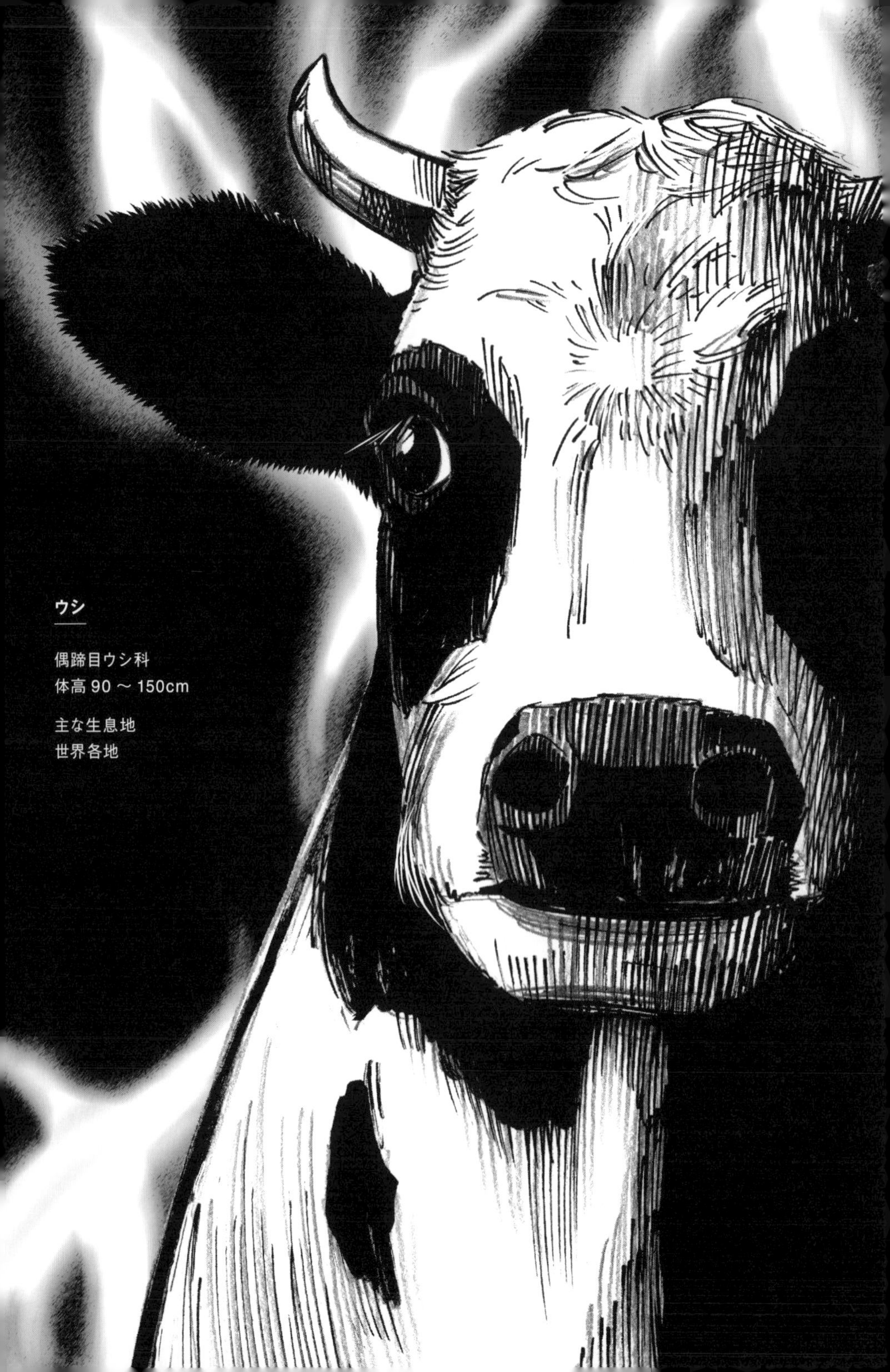

ウシ

偶蹄目ウシ科
体高 90 ～ 150cm

主な生息地
世界各地

生活する中で、
「友人」はいるだろうか。
気を許せる友人、
年の離れた友人、
ライバルのような友人、
様々な
友人像がある。
過酷な自然界でも
「友人関係」を持つ
代表的な動物、
ウシ。

牛乳、バター、チーズ、ヨーグルト、牛肉、革製品…と、
人間の生活になくてはならない動物である。
YOGURT
MILK
BUTTER
ウシは高い社会性を持った動物である。
群れで行動し、リーダーの元、明確な順位づけのある「タテ社会」で生活している。

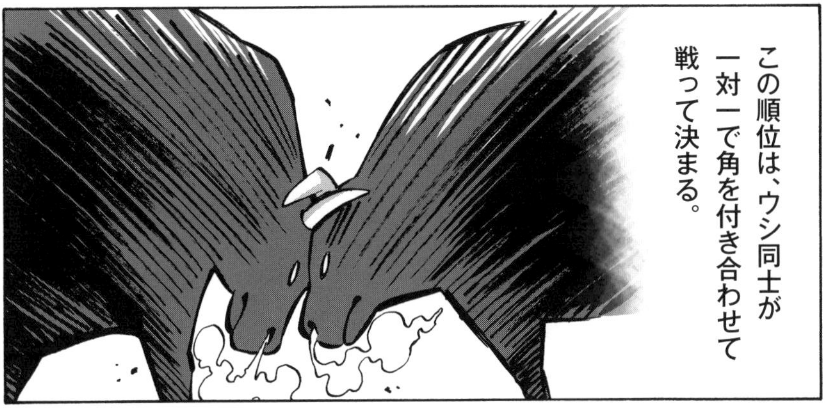
この順位は、ウシ同士が一対一で角を付き合わせて戦って決まる。

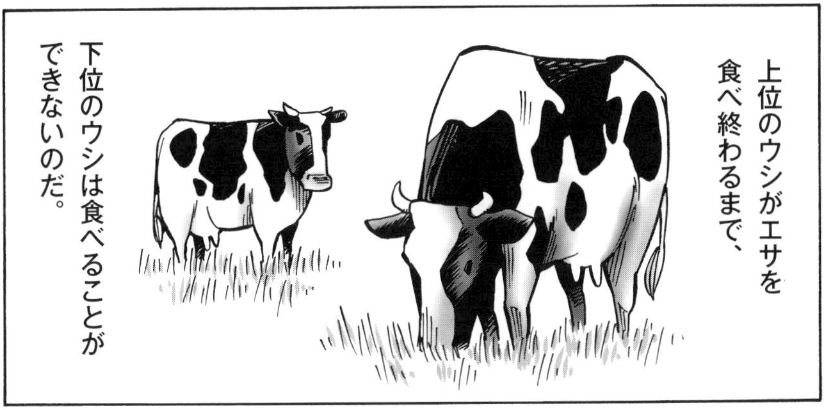
上位のウシがエサを食べ終わるまで、
下位のウシは食べることができないのだ。

一方で「ヨコ」のつながりも強固であり、
ウシは同じ群れの中に同性の「親友」を持っている。

不思議なことに、
この親友同士を引き離すと
強いストレスを感じ、
互いに弱ってしまう。
反対に、見える範囲に
親友がいると、
乳牛の場合は
乳の出がよくなって、
牛乳の生産効率が上がる。
また肉牛も、
ストレスなく育った
ウシの肉はやわらかく、
味も格段によくなることが
知られている。

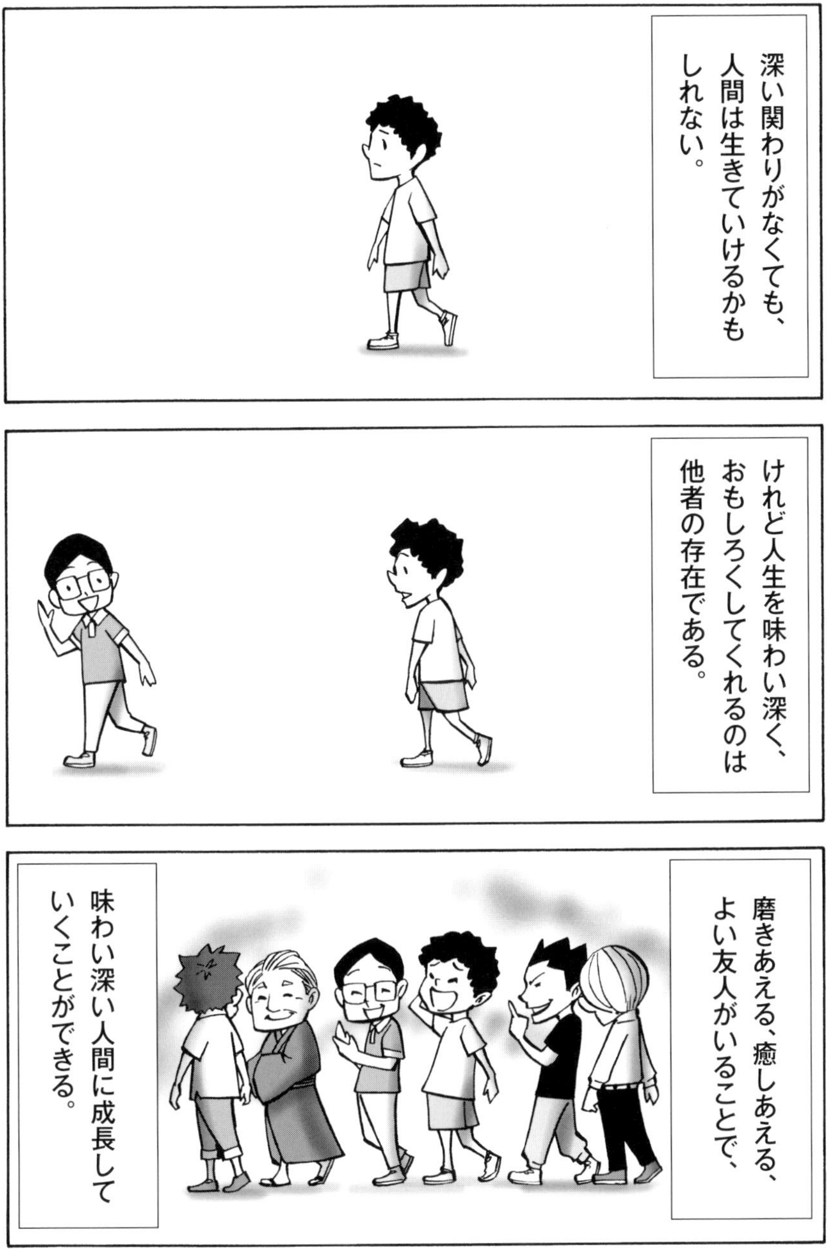

深い関わりがなくても、
人間は生きていけるかも
しれない。
けれど人生を味わい深く、
おもしろくしてくれるのは
他者の存在である。
磨きあえる、癒しあえる、
よい友人がいることで、
味わい深い人間に成長して
いくことができる。

人類の文明を500年早めた動物

ウシは必ず偶数で行動する。1頭で放牧すると不安からパニック状態に陥り、牧場からの脱獄を図ることもある。逆に、3頭など奇数の群れで放牧すると、1頭がのけものになってしまうことが多いのだ。

また、身体は大きいが、ウシは草食動物。野生では捕食される側であるため、警戒心が強く、臆病な性格をしていることが多い。自分より目線の高い動物はすべて自分たちより大きいと思っているので、人間のことも自分たちより巨大な動物だと思っているようだ。しかし、イヌやネコと同じく人間のしぐさや表情から敵でないことを理解し、懐くこともある。

主に畜産動物として人間との関わりが深く、人間の文化に深く根付いているのは紹介した通りだ。乳牛や肉牛はもちろん、農作業や運搬、皮革《ひかく》の利用に至るまで人間の衣食住すべての生活を支えてきた。驚くことに、新石器時代にはウシが家畜化されていたという。エジプト文明やメソポタミア文明など、世界の有力な文明はウシを使役することによって築かれてきたのだ。

このような歴史を持つウシだが、「ウシがいなかったら我々の文明はあと500年以上は遅れていただろう」と言われている。ラスコーやアルタミラにあるものなど、旧石器時代の洞窟壁画にもその姿が描かれている。

現在、世界全体では約13億5000万頭、ほぼ中国の人口と同じくらいのウシが飼育されている。

侮蔑《ぶべつ》の対象になることが多いブタに対し、ウシは神の使いや神そのものとして崇《あが》められてきた。アフリカのハマル族の間では成人の儀式としてウシの上を往復する儀式があり、マサイ族の間でウシは最も重要な財産として通貨の代わりとしても機能している。

日本の場合は、食用として欠かすことのできないものになっているが、牛肉が一般的に食べられるようになったのはつい最近で、明治時代以降のことだ。不浄や殺生を嫌う神道や仏教の影響のほか、農耕の担《にな》い手であるウシが食べられてしまうと困る、という危惧《きぐ》から肉食を禁止していたという。また、牛乳はもともと高級品だったが、一般家庭に本格的に普及したのは第二次大戦後、学校給食に取り入れられるようになってから。食用としての歴史は浅いのだ。

余談だが、「寝る前にホットミルクを飲むといい」という説があるが、科学的な根拠は定かではない。ミルクには睡眠を促進する成分が入っているのは確かだが、牛乳を1パック飲んでも必要量に達しないのだ（ただし、牛の子どもには効果的なようで、まだ弱い乳飲《ちの》み子《ご》にミルクを飲ませることで安全なところでぐっすりと眠らせ、その間に母親が食事を摂るなど別の用事を済ませることができる）。

ホットミルクを飲むとよく眠れるというのは、人間も赤ちゃんのときはミルクを飲んで眠りについた記憶があるので、寝る前に温かいミルクを飲むという行為自体が眠気を誘うのだろうと考えられている。

最後に、よく寝ているようなイメージがあるウシの平均的な睡眠時間は3時間程度。実はショートスリーパーな生き物なのである。

Cattle

ウシの豆知識

落ちている釘などの金属を飲み込んでしまうので、胃を傷つけないように磁石を飲ませている

闘牛で使われる布が赤いのは、ウシではなく観客を興奮させるため

外国で生まれ育っても日本で３ヶ月飼育すると国産牛として表示できる

一番大きな胃が左側にあり、その胃を圧迫しないように右側を下にして寝るので身体の左側のほうが味がいい

鼻に指紋のような個体を識別できるしわ（鼻紋《びもん》）がある

600万円相当の精子が盗まれた事件が起きた

Octopus

疑心、暗鬼を生ず

タコの教え

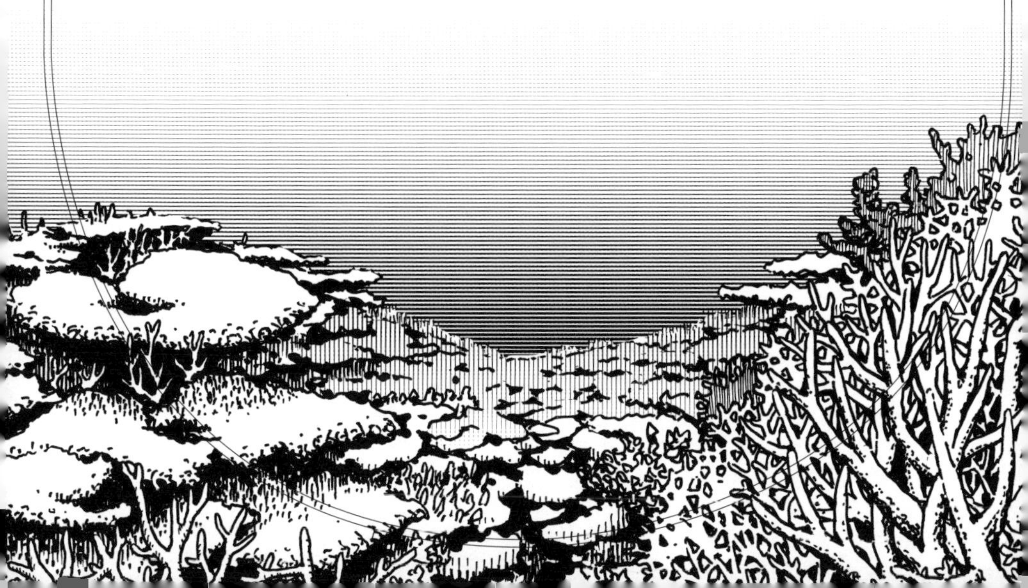

マダコ

頭足綱マダコ科
体長 60cm

主な生息地
熱帯・温帯海域

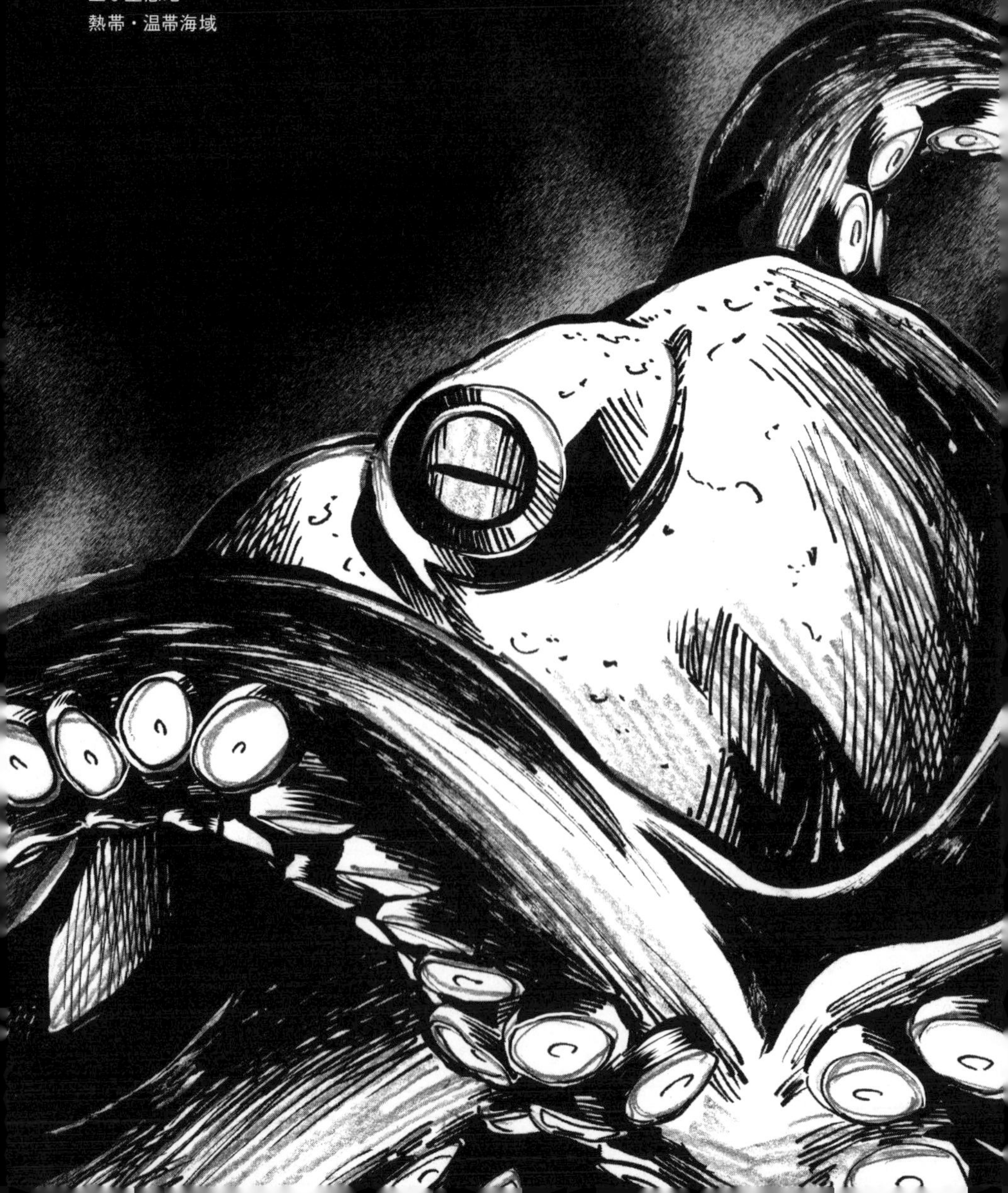

ストレスの絶えない
現代社会では、
生きづらさを
感じている人は多い。
ストレスのあまり、
希望を失っている人もいる。
タコは、「最も賢い無《む》脊椎《せきつい》動物《どうぶつ》」
と言われている。

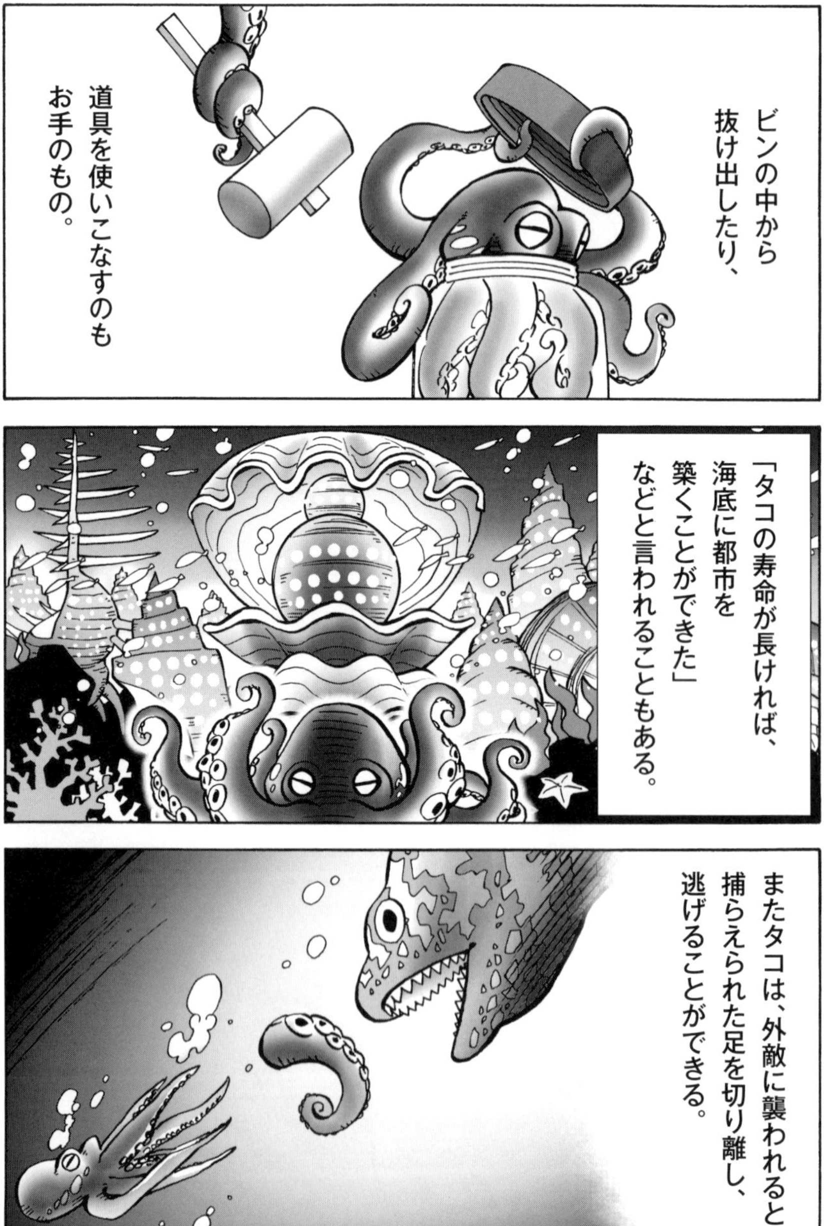
ビンの中から
抜け出したり、
道具を使いこなすのも
お手のもの。
「タコの寿命が長ければ、
海底に都市を
築くことができた」
などと言われることもある。
またタコは、外敵に襲われると
捕らえられた足を切り離し、
逃げることができる。

しかも、切り離した足は
再生する。

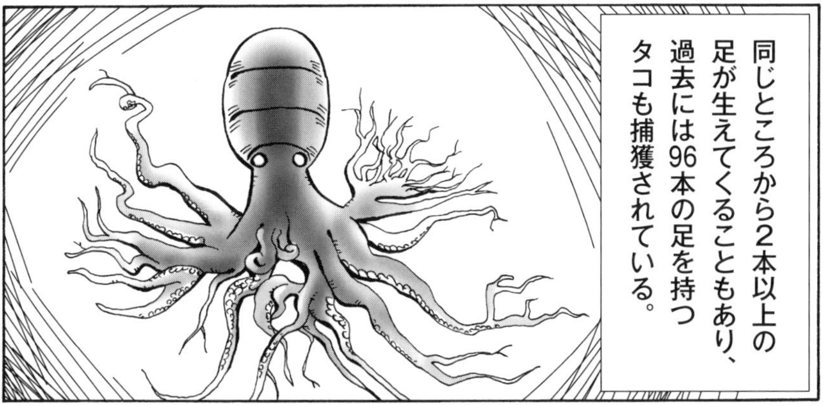
同じところから2本以上の
足が生えてくることもあり、
過去には96本の足を持つ
タコも捕獲されている。

このように非常に高い能力を
備えたタコであるが、
イライラ
イライラ
一方でごく繊細《せんさい》でストレスを
感じやすい動物として
知られている。

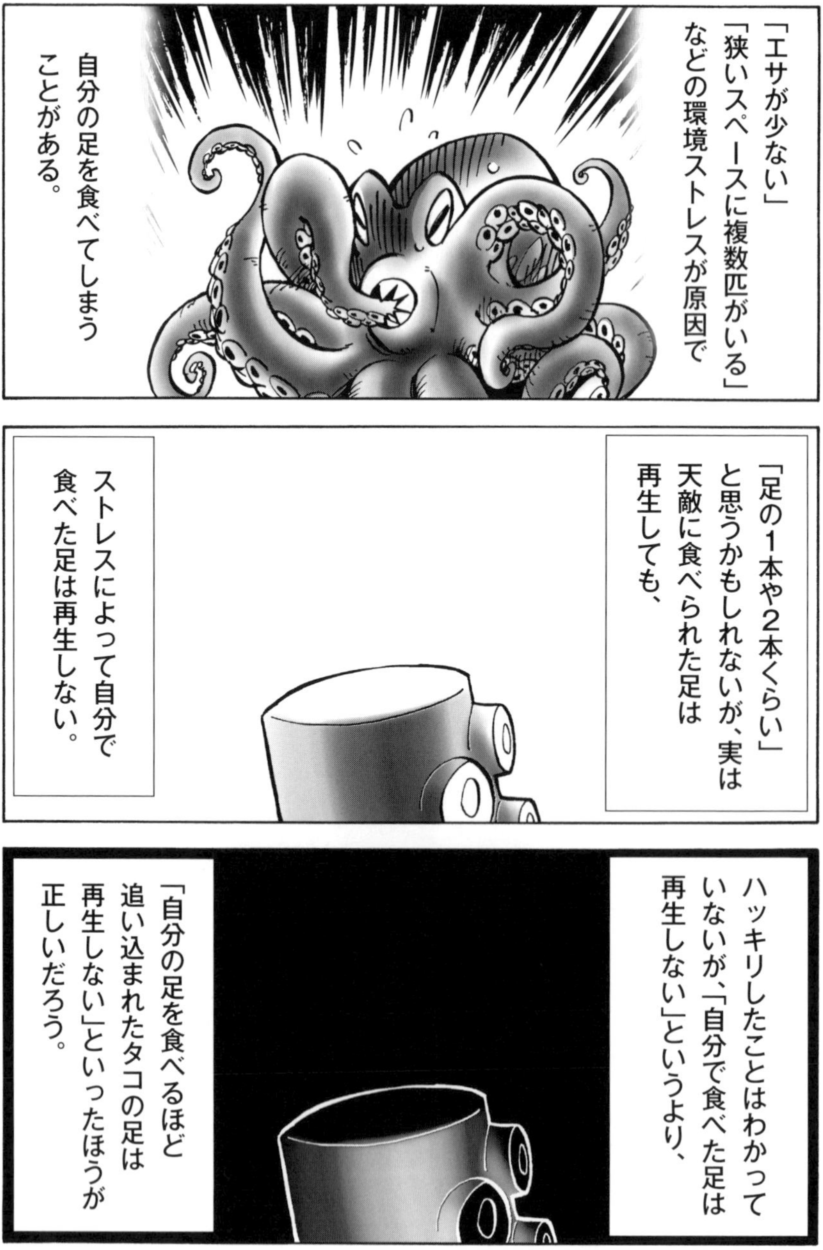
「エサが少ない」
「狭いスペースに複数匹がいる」
などの環境ストレスが原因で
自分の足を食べてしまう
ことがある。
「足の1本や2本くらい」
と思うかもしれないが、実は
天敵に食べられた足は
再生しても、
ストレスによって自分で
食べた足は再生しない。
ハッキリしたことはわかって
いないが、「自分で食べた足は
再生しない」というより、
「自分の足を食べるほど
追い込まれたタコの足は
再生しない」といったほうが
正しいだろう。

なぜなら、自分の足を
食べ始めたタコはその後、
弱って死んでしまうからだ。
そんなタコの生態から何を
学ぶことができるだろうか。
それは、自分を追い詰めて
しまう前に、行動を
変えるということだ。
タコと違って、人間は
自分で環境を変えられる
ことを忘れてはいけない。
温泉街へ
ようこそ

多才にして多様な進化の形

タコはストレスを感じやすい生き物だと説明したが、もちろん生き残るための武器も多数持ち合わせている。そのバリエーションは多岐にわたる。

まずはタコの代名詞、墨《スミ》。逃げるときに忍者の煙幕のように墨を吐いて身を隠すイメージがあるが、実はあの墨には目隠しだけではない秘密が隠されている。タコの墨には外敵の嗅覚《きゅうかく》を鈍らせる麻酔のような成分が含まれていて、それ以上の追跡を難しくする効果があるのだ。

身を隠すという面では、海底で拾ったココナッツの殻や二枚貝を合わせて簡単な家を作り、その中に身を隠すという習性も知られている。

また、カラストンビと呼ばれるクチバシ状の硬い歯もあり、これで好物の甲殻類をバリバリと噛み砕く。

さらに、ほとんどのタコは毒を持っている。よくスーパーに並んでいるマダコも「チラミン」という毒を持っており、噛まれるとしばらく痛みが取れない。

中でも毒ダコとして有名なヒョウモンダコは、フグを餌にしているため、フグ由来の「テトロドトキシン」という毒を持っている。小型のタコながらその毒は青酸カリの850倍〜1000倍と言われ、噛まれると呼吸困難や麻痺《まひ》などの症状があらわれ、90分ほどで死に至ることもある。日本では小笠原諸島や南西諸島以南の太平洋にしか見られなかったが、海水温の上昇にともない分布を広げ、九州、大阪湾や日本海側での捕獲も報告されている。

もう一つ、擬態《ぎたい》能力も非常に優れている。身体の色を変えて、海底や岩などに巧《たく》みに化ける。しかも、その形状を記憶することができる。

特に有名なのがミミックオクトパスだ。ミミックは「擬態」を意味する言葉で、ミミックオクトパスがマネすることができる他の動物のレパートリーは10種類以上。中には少しクオリティーが怪しいものがあるものの、毒を持つウミヘビやヒトデのモノマネはじっくり見てもわからないほどの完成度である。身体の形や色だけでなく、泳ぎ方などもそっくりにマネることからタコの知能の高さが伺える。

まだまだすごいタコは存在する。コウモリダコというイカとタコの祖先に近いと言われる深海生物がいる。脚はイカと同じく10本あるものの、近年ではどちらかというとタコに近いと考えられている種だ。このコウモリダコは強い光を放つ発光器官を持っていて、敵に襲われそうになると繰り返し強い光を放って相手の方向感覚をなくす（ちなみに、コウモリダコの名前の由来は、脚と脚の間に膜が張られているからで、別名「吸血イカ」などと呼ばれているが、実際はプランクトンの死骸《しがい》を食べて生活している無害な動物だ）。

環境により多様な特性を持ち、生き残ってきたタコ。その進化は非常に多様で、多才である。

Octopus

タコの豆知識

心臓が３つある

吸盤が揃《そろ》っているとメス、バラバラだとオス

オスよりメスのほうが大きい

自分の身体には吸盤がくっつかない

タコが自分の足を食べてしまう様子から、会社が自己資本を食いつぶして配当を出す行為をタコ配当と呼ぶ

ラッキョウで釣ることができる

Honey Badger

竜の髭を蟻が狙う

ラーテルの教え

ラーテル

食肉目イタチ科
体長 60 ～ 80cm

主な生息地
中央アジア～アフリカ

「長いものには巻かれろ」
と言われる。

「こんなのおかしい」と
思うような状況でも、
つい人は戦うことを
恐れてしまうものだ。

ラーテルは、
「世界一
怖いもの知らずな動物」
としてギネスブックに
登録されている。

さぞ大きく強い動物
なのだろうと思ってしまうが、

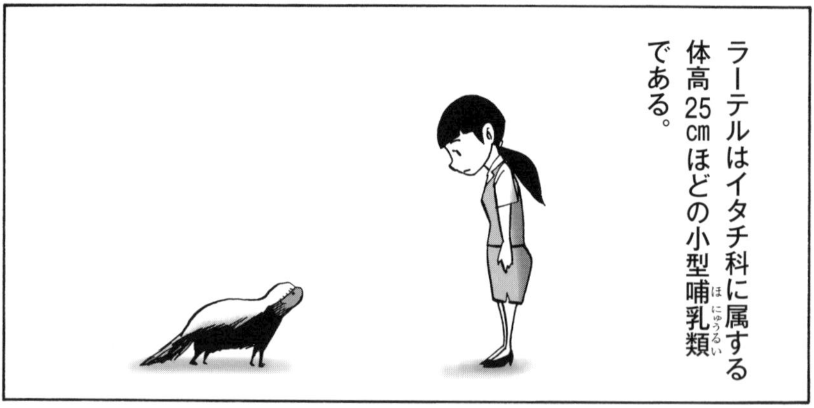
ラーテルはイタチ科に属する
体高25㎝ほどの小型哺《ほ》乳類《にゅうるい》
である。

しかしラーテルは
ライオンや水牛、人間さえも
恐れずに立ち向かう。

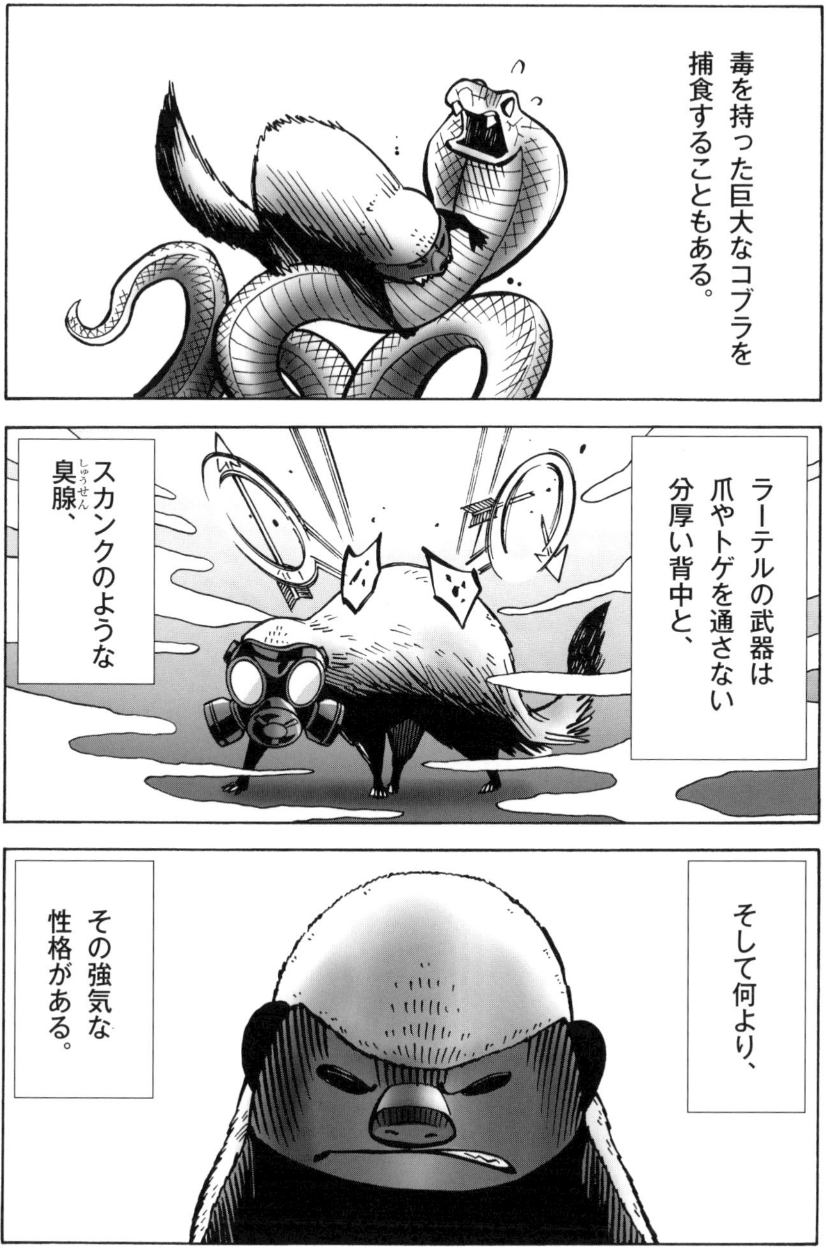
毒を持った巨大なコブラを捕食することもある。
ラーテルの武器は爪やトゲを通さない分厚い背中と、
スカンクのような臭腺《しゅうせん》、
そして何より、
その強気な性格がある。

巨大な敵に決して
ひるむことなく威嚇《いかく》し、
ひるんだ相手は
ラーテルを襲うことを
あきらめて去っていく。

それどころか、ラーテル自ら
ライオンに襲いかかり、
そのエサを横取りすること
さえある。

かと思えば
死んだふりをして虚《きょ》をつく
ずる賢さも持つのだ。

社会では、「空気を読め」「協調性を持て」と教えられる。
しかしそれだけでは、人生はストレスフルである。
臆病になるな。
太く生きたっていい。
ラーテルの生き方は、現代人に勇気を与えてくれる。

協力して生きる「相利共生」

ラーテルは群れを作らず単独で行動する生態と、強気な性格から近寄りがたい孤高の戦士のようなイメージを持たれているが、実はある生き物と協力して生きている。

それは、「ミツオシエ」という鳥だ。

ミツオシエはその名前の通り、ラーテルに蜜の詰まったハチの巣の場所を教える。ラーテルもミツオシエも蜂蜜や蜂の子が大好物だ。ミツオシエが大きな声で鳴いてラーテルを蜂の巣まで案内し、ラーテルはミツオシエについていって蜂の巣を破壊する。その破壊された巣から、ミツオシエは蜜を食べるのだ。

非力なミツオシエはせっかく蜂の巣を見つけても破壊することができない。一方のラーテルは蜂の巣を破壊する力を持っているが、地上で生活しているため、蜂の巣を見つけることが難しい。そこで、ミツオシエとラーテルは徒党を組んで蜂蜜を手に入れることにしたのだ。ミツオシエは小さい（体長約10〜20㎝）ので、ラーテルが食べ残した蜂蜜で十分お腹を満たすことができる。このミツオシエは非常に賢く、アフリカでは人間に蜜のありかを教えることもあるそうだ。

このように両者に利益がある共生を「相利共生」と呼ぶが、哺乳類で相利共生する例は非常に珍しい。有名な相利共生には同じ巣穴で生活し、交代で見張りをするテッポウエビとハゼの例や、敵から守ってもらう代わりに甘い汁を出すアブラムシとアリの例がある。

反対に、片方だけが利益を受け、片方にはメリットもデメリットもない共生を片利《へんり》共生という。これは隠れ家としてナマコを利用するカクレウオの例や、餌のおこぼれを狙ってくっつくコバンザメの例が有名だ（余談だが、ウシツツキという鳥はウシなどの身体についている寄生虫を食べるため、相利共生だと考えられていたが、実はウシの傷口から血をすすったり、傷がないときはつついて血を出させていることがわかり、寄生に近い側面を持っていることがわかってきた）。

話をラーテルに戻そう。ラーテルは蜂蜜と蜂の子が好物だと伝えたが、基本は雑食で、食べられそうなものは何でも食べようとする。蜜の場所を教えてくれるミツオシエでさえも捕らえて食べようとする。ただ、ミツオシエはうまくそれをかわしながら、蜂の巣まで導く。両者の関係では、ミツオシエのほうが一枚上手《うわて》である。

なお、ラーテルは毒を持ったヘビや、自分より大きい獲物にも積極的に襲いかかり、捕食を試みる。毒ヘビを襲って噛まれると一時的に動けなくなるが、数時間経てばピンピンしてまた動き出す。蜂の巣を襲った際も、顔の硬くない皮膚を刺されると痛がってもがくこともあるが、すぐに気にせずに食べ続ける。

この恐ろしいほどのタフネスさ、私たち人間も見習いたいものである。

Honey Badger

ラーテルの豆知識

南アフリカ軍の装甲車の名前になっている

日本では東山動物園でのみ見ることができる

コブラなどの神経毒に強い耐性を持つ

NHKEテレの人気番組「おかあさんといっしょ」に登場するキャラクターのモデルになっている

裏返されると弱い

Sloth

あきらめも心の養生

ナマケモノの教え

ミユビナマケモノ

貧歯目ミユビナマケモノ科
体長 50 ～ 60cm

主な生息地
南アメリカ・中央アメリカ（熱帯林）

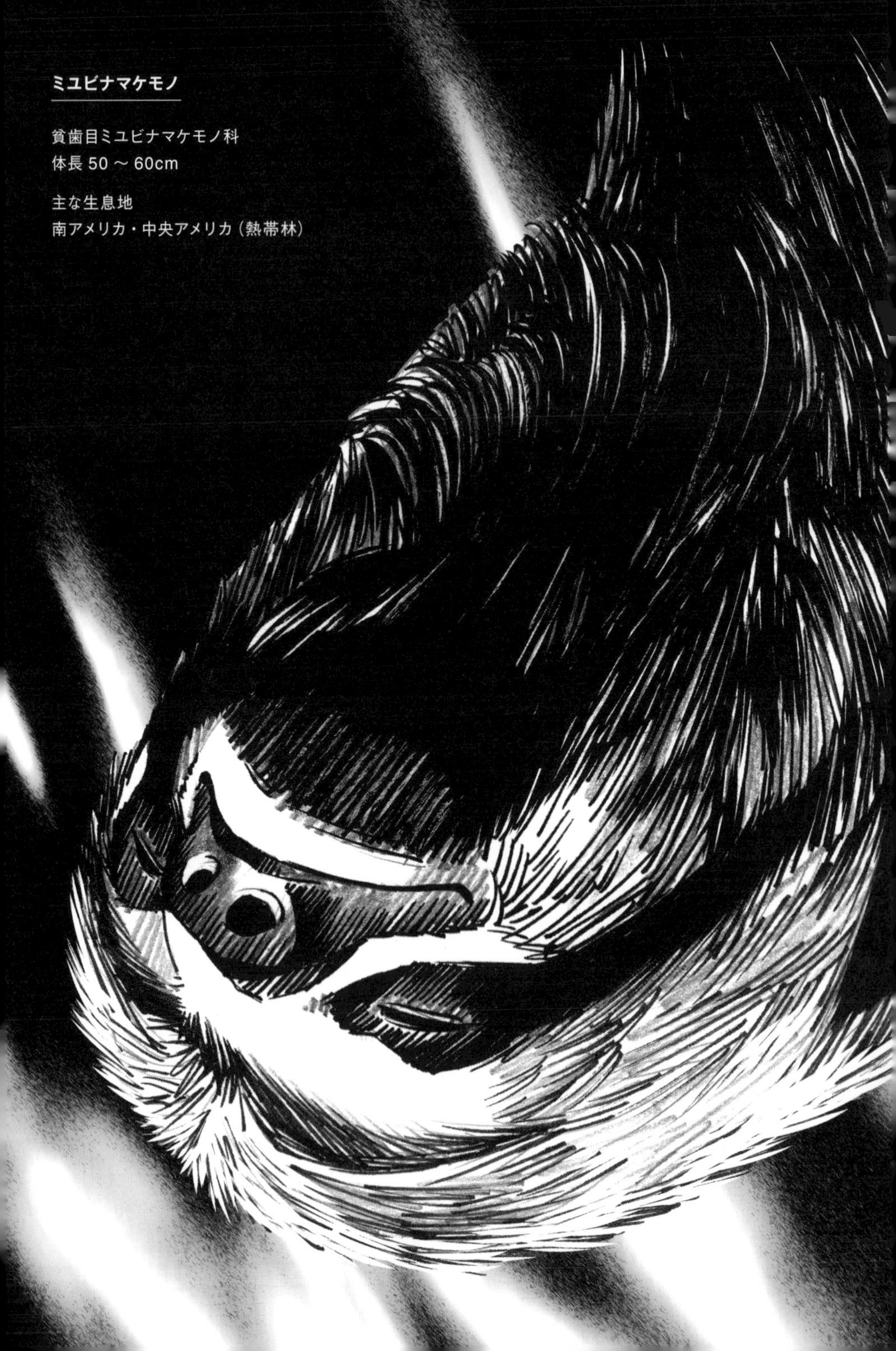

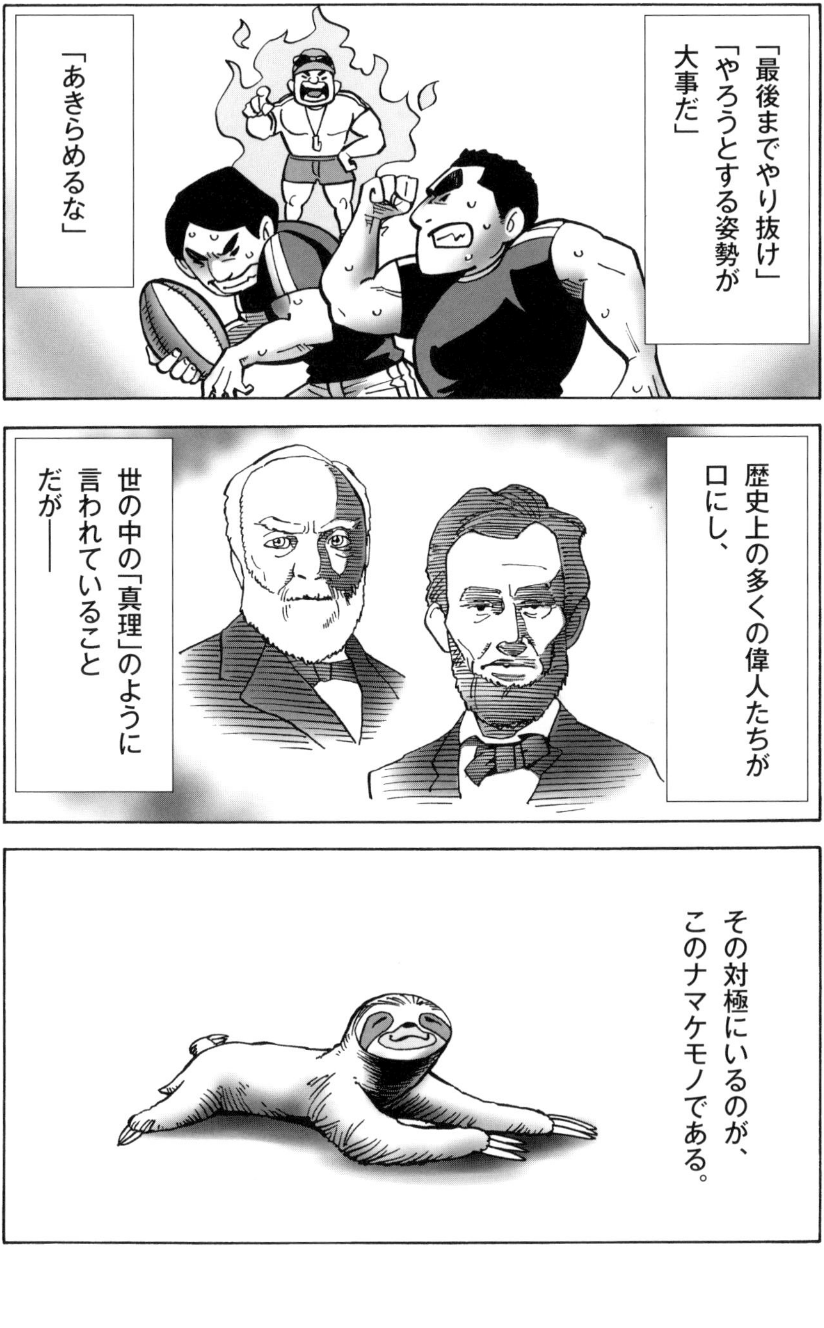
「最後までやり抜け」
「やろうとする姿勢が大事だ」
「あきらめるな」
歴史上の多くの偉人たちが口にし、
世の中の「真理」のように言われていることだが――
その対極にいるのが、このナマケモノである。

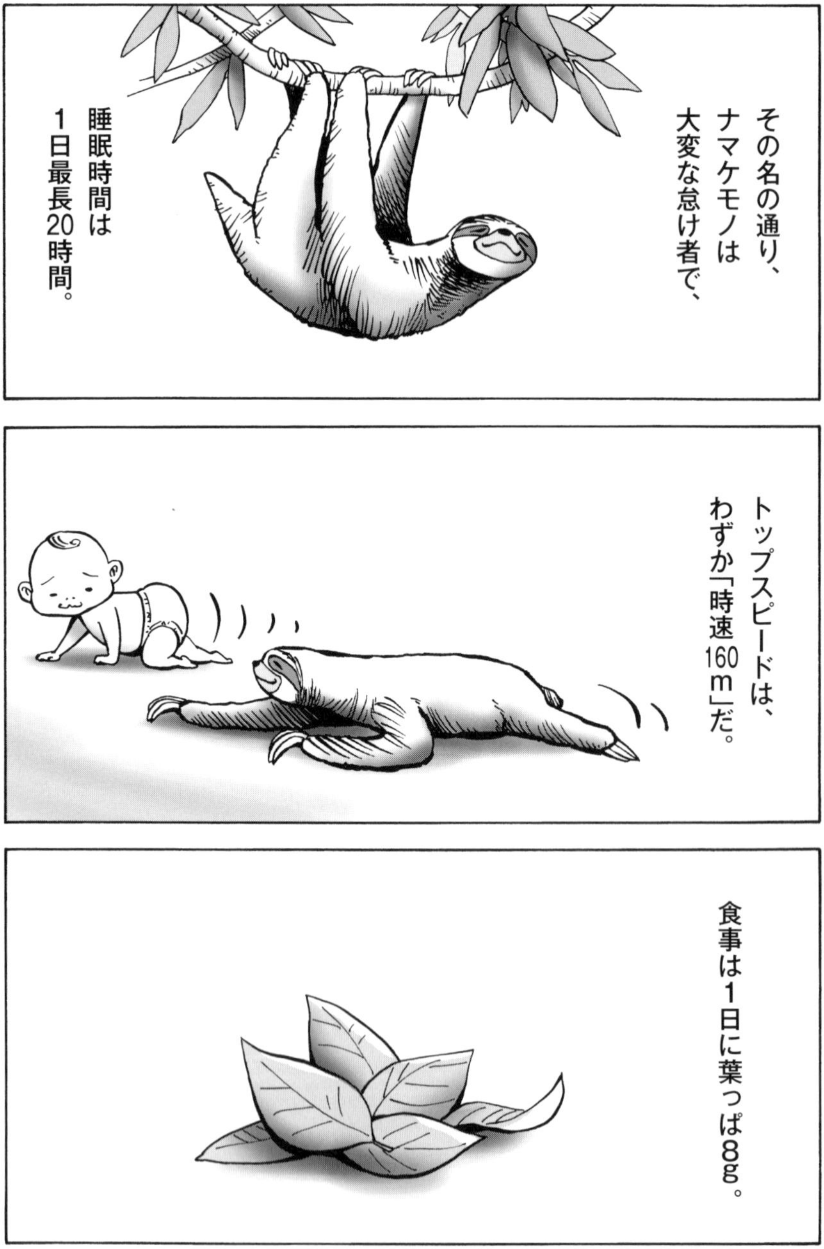
その名の通り、
ナマケモノは
大変な怠け者で、
睡眠時間は
1日最長20時間。
トップスピードは、
わずか「時速160m」だ。
食事は1日に葉っぱ8g。

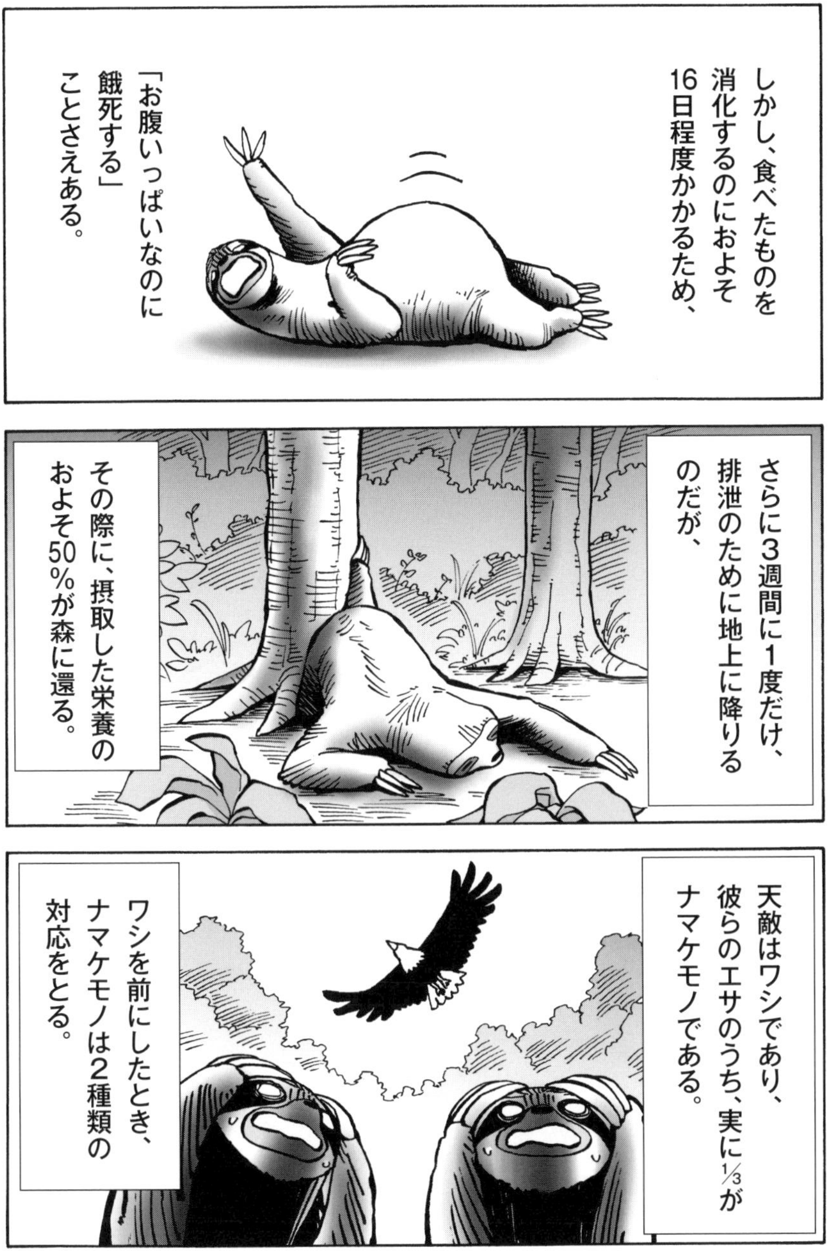
しかし、食べたものを
消化するのにおよそ
16日程度かかるため、
「お腹いっぱいなのに
餓死する」
ことさえある。
さらに3週間に1度だけ、
排泄のために地上に降りる
のだが、
その際に、摂取した栄養の
およそ50%が森に還る。
天敵はワシであり、
彼らのエサのうち、実に1/3が
ナマケモノである。
ワシを前にしたとき、
ナマケモノは2種類の
対応をとる。

①先にワシを見つけた場合
木にしがみついていた手を
パッと離して、地面に落ちる。
この際、骨折することも
多々ある。
②ワシに見つけられて
しまった場合
早々にあきらめ、
せめて痛くされないように
全身の力を抜く。
長い爪で戦おうなどとは
考えない。
動きすぎると体温が上がり
すぎて死んでしまうのだ。

その生態は、人間からすれば不合理極まりないが、
一つ大事な事実がある。

それでも彼らは種として生き残っている、ということだ。

「燃えるように生きることだけが人生ではないぞ」
ナマケモノは、生き物として悟りの境地にいるのかもしれない。

ナマケモノの恩返し

ナマケモノは究極の平和主義者だ。
同じ種類でも個体ごとに餌とする木の好みが異なり、それぞれ自分の好む木のみを渡り歩いて生活する。これによってナマケモノは同種同士で争うことを避けているのだ。
それだけではない。ナマケモノの身体には多種多様な昆虫や藻類《そうるい》が住み着いている。特に有名なのがメイガ科の蛾《が》だ。この蛾たちはナマケモノを居心地のいい住処《すみか》とし、ナマケモノの被毛の中で交尾し、ナマケモノの排泄物に産卵し、生涯を終える。
蛾も一方的に利益を得ているわけではなく、ナマケモノの被毛に窒素量を増やすことによって藻類を育てる。この藻類はナマケモノの姿を隠す役割を持ち、同時に貴重な食料になっている。
紹介したように、ナマケモノは活発に動くことがない。しかしながら、排便排尿の際は木を降り、穴を掘って排泄し、落ち葉をかぶせる行儀のよさを見せる。当然、このとき捕食者である肉食動物に狙われる可能性は格段に高くなる。
この、不可解でまったく無意味に見える行為が、実は重要な意味を持っていることがわかったのはごく最近のことだ。
ナマケモノが住む熱帯雨林の土壌は、栄養に乏《とぼ》しく木が育ちにくい。年間を通して高温多湿な環境の熱帯雨林では、本来は土の養分になるはずの落ち葉や倒木が、バクテリアなどの微生物に跡形《あとかた》もなく分解されてしまう。そのため土壌が痩せてしまうのだ。事実、熱帯雨林の木は根が浅く、一度森林が失われてしまうと急速に土壌が流出し、砂漠化してしまう。

ナマケモノが地面に埋める排泄物は、こうした特徴を持つ熱帯雨林の植物にとって栄養になっているのだ。ナマケモノはわざわざ穴を掘って排泄することで自らの命を守ってくれる木に恩返ししているとも言える。

そしてこのことは、私たちの生活とも無関係ではない。実は大気中の酸素の40％は熱帯雨林の木から供給されていると推測されている。さらに、熱帯雨林には地球上の生物の50～80％にあたる多様な生物が生息している。

私たち人間は農地の開拓や伐採のために森林を切り開き、毎秒0.5～0.8ヘクタールのスピードで熱帯雨林を破壊している。かつて地球の16％を覆《おお》っていた熱帯雨林は半分以下の7％まで減少し、このままのスピードで破壊が進むと40年程度しかもたないと言われている。

ナマケモノは自らの命を危険にさらしながらも、熱帯雨林の、ひいては地球の環境を陰ながら支えてくれているのだ。

その生き方は、強くなることだけが進化ではなく、やさしくなることこそが一番の進化なのだと教えてくれる。ナマケモノはゆっくり進んでいるように見えて、実は人間のずっと先を歩んでいるのかもしれない。

Sloth

ナマケモノの豆知識

動かなすぎて身体にコケが生える

このコケは、身を隠す役割と、貴重な食料として活躍

穴を掘って排泄する

動かないのではなく筋肉がなさすぎて動けない

筋肉がないため、いつも笑っているような表情をしている

体臭がほとんどないため敵に気づかれにくい

かつて生息していた全長8m、体重3tにもなるメガテリウムはナマケモノの仲間

Gorilla

汝の敵を愛せよ

ゴリラの教え

ゴリラ

霊長目ヒト科
体長 1.6 〜 1.7m

主な生息地
コンゴ共和国・ウガンダなど

誰の人生にも、困難は
待ち受けているものだ。
裏切られることも
あるかもしれない、
理不尽な嫌がらせにあう
こともあるかもしれない。
「密林の王者」と呼ばれる
ゴリラ。
実は、
繊細《せんさい》な心の持ち主である。

恐怖を感じやすく、
ストレスでよく下痢をする。
天敵はヒョウで、彼らの存在に
怯《おび》えて過ごしている。
本来、
ゴリラは強い。
最高で600kgの握力を持ち、
体当たりで動物園の
強化ガラスにヒビを入れる
ほどの力を持っている。

ところが、力を持っていても
仲間同士で争うときはまずは
ドラミングで威嚇《いかく》し、
ムダな争いを避ける。
自分から戦いを仕向けるような
ことはほとんどない。
ゴリラは
やさしいのである。
海外の動物園では、
ゴリラの檻《おり》に落ちて意識を
失った子どもを
ゴリラが助け出した事例が
いくつか報告されている。

人間に育てられた
ゴリラのココは
手話で自分の感情を
表現できる。
飼育員から与えられ、大切に
飼っていたネコが事故で死んで
しまったことを聞いたときは、
その悲しみを手話で
表現した。
「ゴリラは死ぬと、
どこにいくの」
という質問に対しては、
「苦労のない穴にさようなら」
と返している。

人に傷つけられ、
人生のどん底にあると
思ったとき、
報復を考えるの
ではなく、
ゴリラのやさしさを
思い出してほしい。
真の強さとは、
勝つことではない。
いつでも慈愛の心を
忘れないこと。
そんな心の強さを持てた者
こそが王者なのである。

よき夫・よき父親として

ゴリラは人間に非常に近い動物だ。何といっても、分類が「哺乳類《ほにゅうるい》サル目ヒト科ヒト亜科」の仲間である。遺伝子の違いは2％以下で、他のサルとゴリラ、人間とゴリラだと人間とゴリラのほうが近い。

ゴリラは人間と同じく相手の考えを予測して行動することができる。これができるのはサルの中でも類人猿と呼ばれる、ゴリラ、チンパンジー、ボノボ、オランウータンなどに限られる。

ゴリラはほとんどの場合、単独のオスと複数のメス、子どもたちで形成される一夫多妻制の群れを形成する。基本的に群れ同士で交流することはなく、別の群れとは一応「敵対」という形を取っているが、極力争いは避ける。唯一激しい争いが起きるのは、メス同士をめぐった争いだが、この場合もメスがすんなり相手を選べば問題にはならない。メスがどちらのオスを選ぶか迷っているときにのみ争いに発展するのだ。

ゴリラが類人猿の中でも特に理性的である証拠に、類人猿の中で睾丸《こうがん》が最も小さい。実は、睾丸の大きさは繁殖様式によって変わる。チンパンジーは乱交型の繁殖様式でゴリラの100倍交尾を行うため、他のオスに精子の量で勝つ必要があり、大きな睾丸を持ったと考えられている。

ゴリラの場合は、交尾にいたるまでにオス同士で完全に決着をつけるため、一度夫婦になれば他のオスと妻たちとの「浮気」は起こらない。そのため、睾丸を発達させる必要がなかったのだ。

人間はといえば、睾丸の大きさはゴリラとチンパンジーの中間くらいだ。現在、日本を始めとした多くの国では一夫一妻制が採られているが、生物学的に見ると類人猿たちはほとんどの場合、乱交型・あるいは一夫多妻制を採用している（だからといって人間の浮気が許されるという話ではないが）。

話を戻そう。

このように、確実に自分の子どもだとわかる繁殖様式のためか、ゴリラはよき父親でもある。

母親のゴリラは子どもが離乳すると、父親であるゴリラの前に子どもを置いて立ち去る。子どもは最初こそ不安がるが、すぐに兄弟たちに混じって遊びはじめる。父親は子どもたちを見守りながら、ケンカをしたときに仲裁に入ったり、抱いたり、遊んだりして子育てをする。次第に子どもたちは父親のゴリラを信頼し、父親として認めるようになるのだ。

そうして成長したゴリラは、大人になっても育ててくれた父親を追い出したり、横暴にふるまったりしない。ゴリラのオスは子育てをすることによって生涯群れのリーダーとして君臨することができるのだ。

人間も、家庭の中での地位を確保するためにも、ぜひともゴリラを見習って子育てに参加することをおすすめする。

Gorilla

ゴリラの豆知識

ドラミングはグーではなくパーで叩く

ドラミングは２～３km 先まで聞こえる

西ローランドゴリラの学名はゴリラ・ゴリラ・ゴリラ

ゴリラの糞投げは求愛行動

ゴリラは全員Ｂ型

ゴリラの語源はギリシャ語で「毛深い女部族」

Sow bug

同じ轍は踏まない

ダンゴムシの教え

オカダンゴムシ

ワラジムシ目オカダンゴムシ科
体長 15mm

主な生息地
世界各地

長い人生の中では
誰しも壁にぶつかる。
合格発表
夢と現実
仕事と恋愛
環境と報酬。
ある人は
その壁に絶望し、
ある人は
引くに引けなくなり、
時間を消費してしまう。
ダンゴムシ。

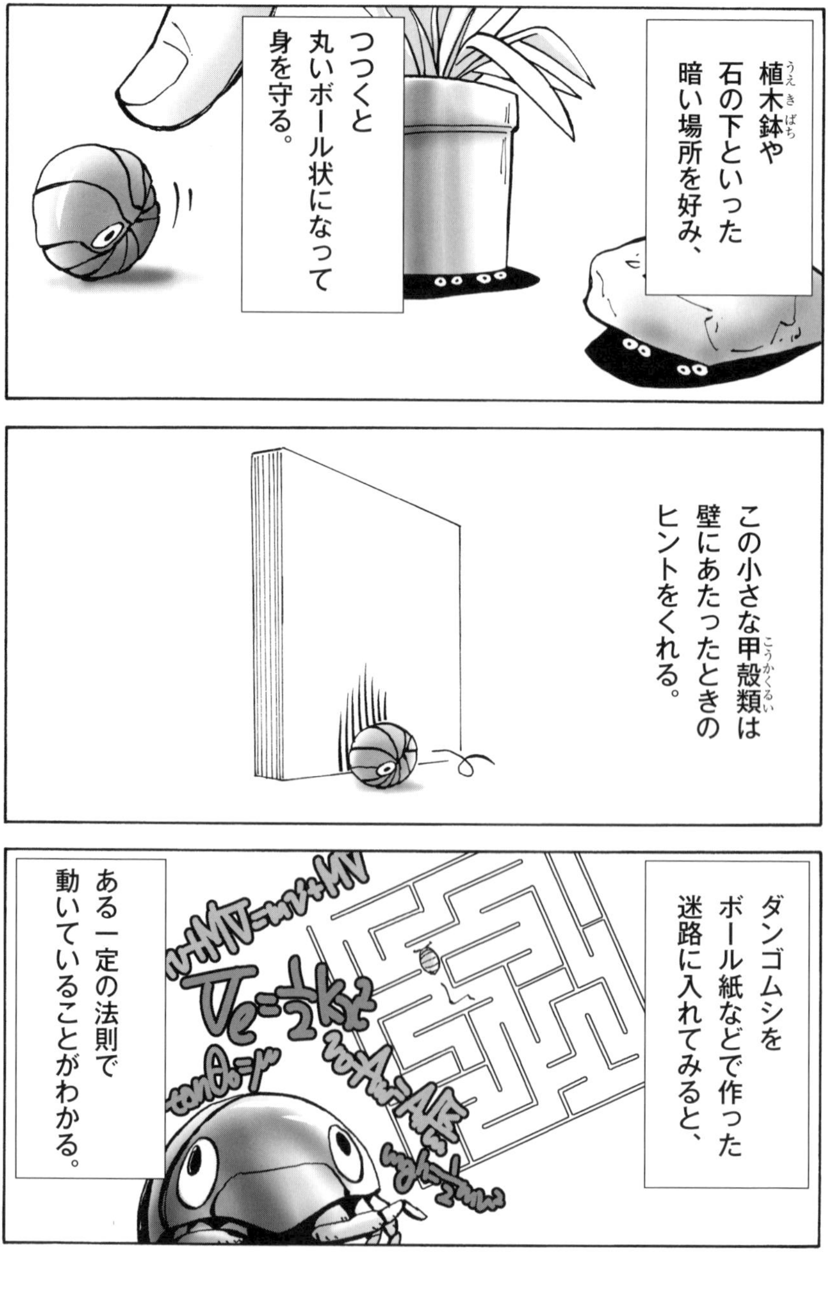
植《うえ》木《き》鉢《ばち》や
石の下といった
暗い場所を好み、
つつくと
丸いボール状になって
身を守る。
この小さな甲殻類《こうかくるい》は
壁にあたったときの
ヒントをくれる。
ダンゴムシを
ボール紙などで作った
迷路に入れてみると、
ある一定の法則で
動いていることがわかる。

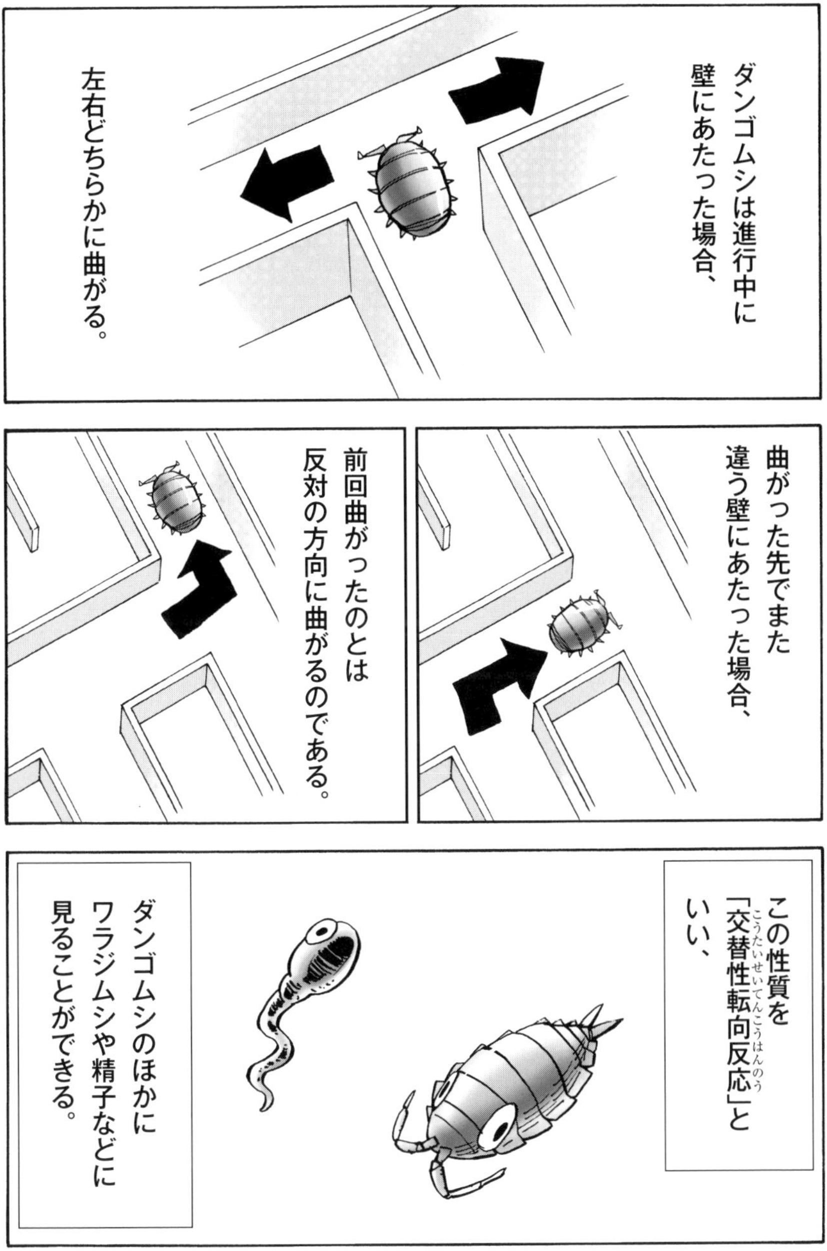
ダンゴムシは進行中に壁にあたった場合、
左右どちらかに曲がる。
曲がった先でまた違う壁にあたった場合、
前回曲がったのとは反対の方向に曲がるのである。
この性質を「交替性転向反応《こうたいせいてんこうはんのう》」といい、
ダンゴムシのほかにワラジムシや精子などに見ることができる。

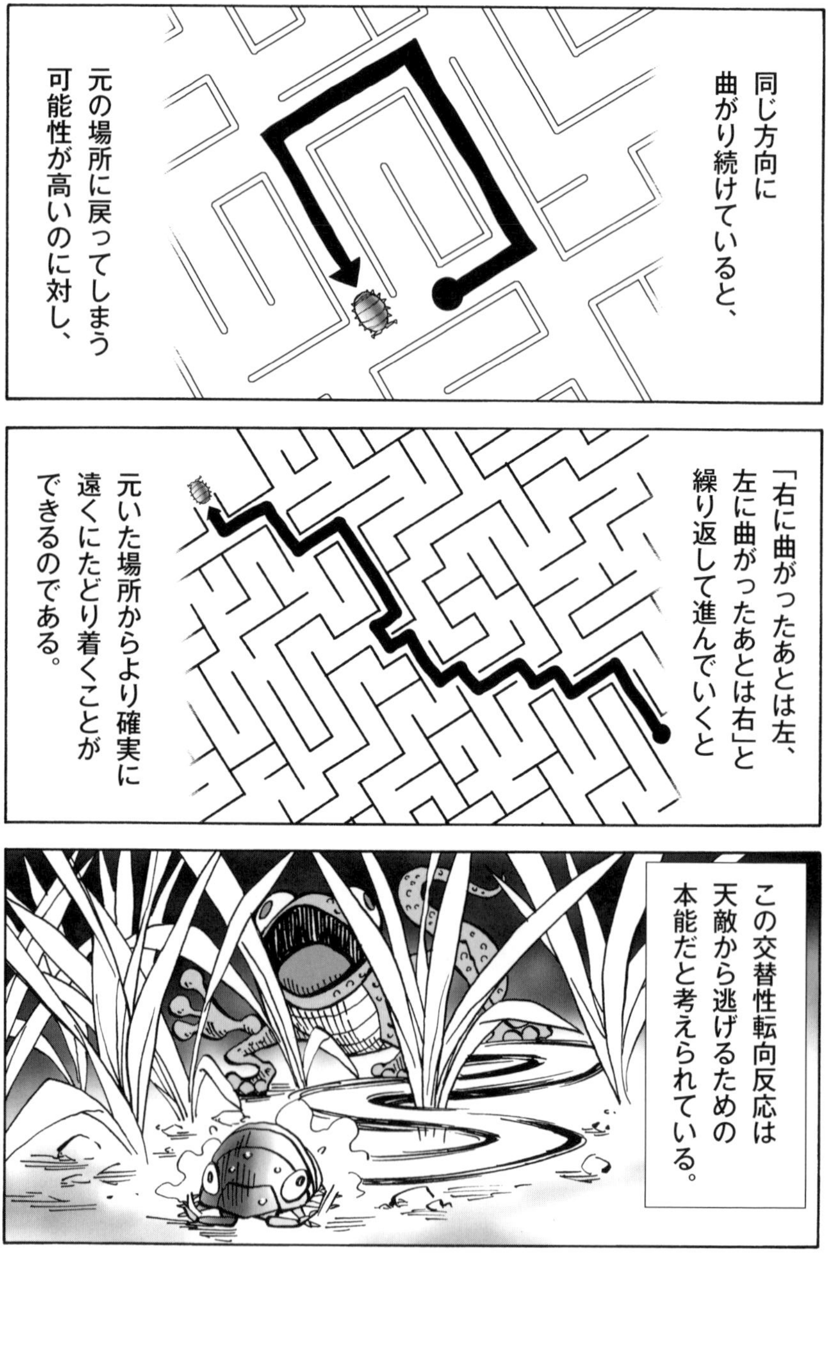
同じ方向に
曲がり続けていると、
元の場所に戻ってしまう
可能性が高いのに対し、
「右に曲がったあとは左、
左に曲がったあとは右」と
繰り返して進んでいくと
元いた場所からより確実に
遠くにたどり着くことが
できるのである。
この交替性転向反応は
天敵から逃げるための
本能だと考えられている。

壁にバカ正直に
ぶつかるのも人生。
しかし、
そこで立ち止まり続けて
しまうのであれば、
別の場所に向かうことも
また人生である。
別の道に進んだとき、
また同じ過《あやま》ちを
繰り返さなければ
よいのである。

ウイルスに乗っ取られたダンゴムシ

ダンゴムシはムシと呼ばれるものの、昆虫の仲間ではない。むしろ、エビやカニに近い甲殻類だ。無秩序に生えているように見えるたくさんの脚は基本的には7対14本だ（しかし、生まれたときは6対12本しか脚がなく、脱皮の過程で増えていく）。

よくワラジムシとの見分け方が話題にのぼるが、ワラジムシの中で丸くなるものをダンゴムシと呼ぶ。エビやカニの仲間だが、水中で暮らすことはできない。

身近で一番見かけるオカダンゴムシはオスが完全な黒～灰褐色《はいかっしょく》をしていて、メスは背中に黄色い斑点《はんてん》が見られる。

さらに確実な見分け方として、オスの腹部には2本の突起が見えるが、メスにはない。これは生殖器ではなく、脚が変化したものだが、交尾時にはこの腹肢《ふくし》と呼ばれる突起を伝って精子を送り込む。

ダンゴムシの仲間の交尾はすべてメスが脱皮したタイミングで行われる。身体を大きくするための成長脱皮に対して「生殖脱皮」と呼ばれている。ダンゴムシは卵や子どもを保育嚢《ほいくのう》と呼ばれるお腹の袋で育てるため、身体を生殖モードに切り替える必要があるのだ。

ところで、ダンゴムシの中には、たまに青い身体を持った個体が見つかる。新種や突然変異などではない。原因はウイルスである。

「イリドウイルス」というウイルスに感染したダンゴムシは体色がメタリックブルーに変わるのだ。なぜ青い色になるかというと、体内に蓄積したウイルスの結晶が青い光のみを反射するからだと言われている。

通常のダンゴムシは暗い場所を好むが、イリドウイルスに感染すると明るいところに出てくる。青いダンゴムシは遠くからでもよく目立ち、鳥などの天敵に捕食されやすくなる。ウイルスはダンゴムシごと鳥に食べられて、鳥の糞《ふん》を通して拡散していく。

このように、寄生虫やウイルスなどが宿主の身体を動かしたり、姿を変えたりして、食べられやすくする例は他にもある。有名なのがロイコクロリディウムだ。この寄生虫は、カタツムリの目に寄生し、カタツムリの目を太った緑色のイモムシのような形に変え、捕食されやすくする。

当然、人間だって無関係ではない。人間の体内に必ず生息する腸内細菌も人間の行動を変える力を持つと言われている。

体内の腸内細菌の種類や数が変動することによって、怒りっぽい人が急にやさしく社交的な性格に変わったりする。マウスの実験では腸内細菌の移植によって性格を変えることに成功し、うつ病や気分障害の治療に期待が持たれている。

人間にとってはありがたい話だが、細菌の立場としては、単純に宿主である人を関わらせることによって感染の機会を増やし、生息地を広げようとしているだけだ。それもまた、自然の摂理である。

Sow bug

ダンゴムシ
の
豆知識

エビやカニの仲間（甲殻類）なので毒のないものは非常食になる（ただし、美味しいとは言いがたい）

漢方薬として用いられることもあり、生きたダンゴムシを潰したものはイボの薬に、乾燥させたものは利尿《りにょう》促進の薬として用いられた

食べ物は口から摂取するが、水分はお尻から摂取する

明治時代に外国からきた貨物に紛れて日本にやってきて爆発的に広まった

交替性転向反応は左右の足への負荷を均等にする目的もあるとも考えられている

Dog

細き流れも大河となる

イヌの教え

シベリアンハスキー

食肉目イヌ科
体長 50 〜 60cm

チワワ

食肉目イヌ科
体長 15 〜 23cm

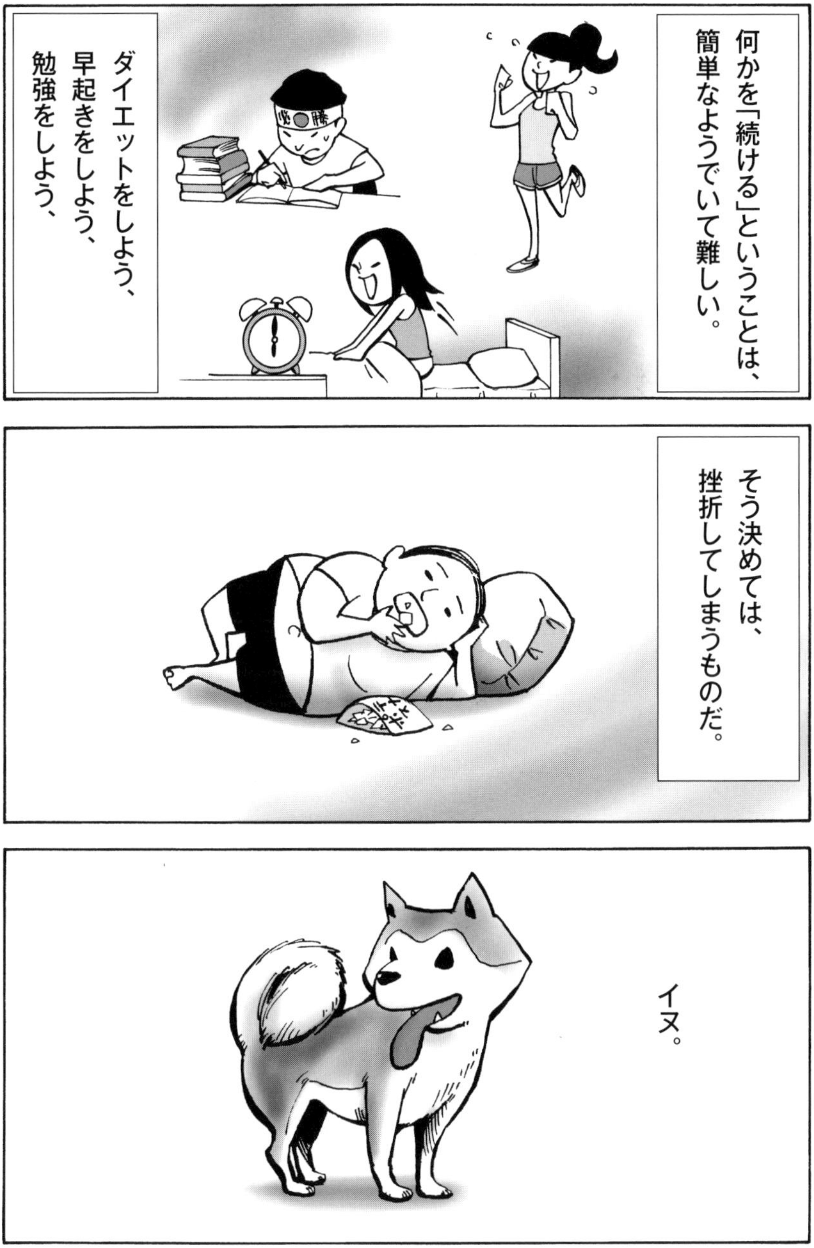
何かを「続ける」ということは、簡単なようでいて難しい。
ダイエットをしよう、早起きをしよう、勉強をしよう、
そう決めては、挫折してしまうものだ。
イヌ。

彼らもまた、人間とは
切っても切り離すことの
できない動物である。

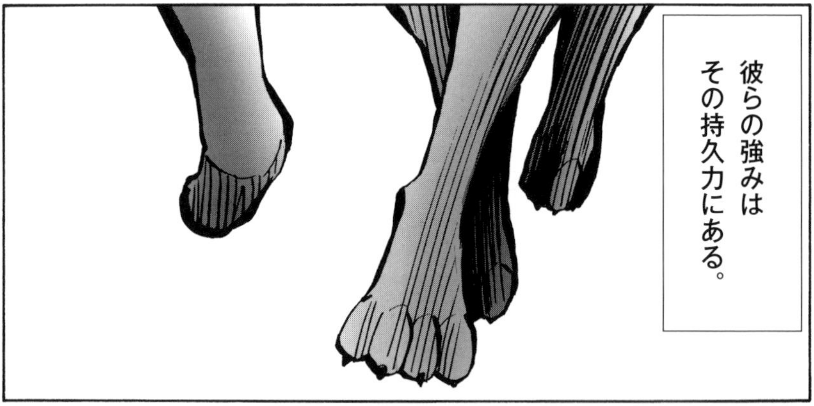
彼らの強みは
その持久力にある。

イヌの先祖にあたる
オオカミは、
獲物を見つけると群れで
何時間、何日も包囲して
トドメを刺す。

現代のイヌたちにも
その能力は
引き継がれており、
犬ぞりをひく
シベリアンハスキーは、
8時間で160㎞も走り続ける
ことができる。

2日間休まずに走り続けた
という記録もある。

人類で初めて南極点に
到達した
探検家のアムンセンは、
移動手段に犬ぞりを選んだ
ことによって、
馬や雪上車で南極点を
目指したスコットよりも
先んじることができたと
言われている。

また、イヌは芸を覚えることでも秀でている。
お手やおすわりはもちろんのこと、
後ろ向きに進んだり、
後ろ足だけで立ってダンスをしたりすることもできる。
２０１０年には体重わずか３kgのチワワが警察犬の試験に合格し、
見事警察犬となっている。

積み重ねた努力は
決して裏切らない。
警察犬
どんな小さなことでも
「続ける姿勢」が
人を成長させる。
マネできない芸や特技、
あるいは魅力となって
人をひきつけていくように
なるのだ。
1

見つめ合うことで幸せになれる

イヌを飼ったことがある人は、イヌが何か語りかけてくるかのように人の目をじっと見つめてくることを知っているだろう。

野生の多くの動物において、見つめ合うことは「敵意」のあらわれだ。森の中で猛獣に出会ってしまったときは、目を合わせずに後ずさりするべきだし、ネコと平和な関係を築きたかったら、目をそっとそらしたほうがよい。

しかし、イヌは例外だ。見つめ合うことがまったく別の意味を持つことがわかっている。イヌと飼い主が見つめ合うと、両者ともに「オキシトシン」と呼ばれる愛情や絆の形成に関係するホルモンが上昇していることがわかったのだ。

これは、イヌが狩りなどで人間と目を合わせてコミュニケーションをとっていたことから習得した能力だと見られている。実際、同じ実験をオオカミで行ってみたとき、飼い主・オオカミともにオキシトシンの上昇は見られなかった。

見知らぬ人と交流したときは15~25％、知り合いと交流すると25~50％、子どもやパートナーなどの家族だと50％以上のオキシトシンが分泌されると言われている。

実験では、イヌたちは平均して飼い主との交流で57・2％のオキシトシンを分泌した。これはイヌたちが飼い主を深く愛していることを証明している。

また、イヌはいい人と悪い人を行動から見分けていると考えられている。飼い主が助けを求めたときに親切にふるまった人に対しては好意をあらわし、手を差し伸べなかった人を無視する。イヌは実によく人を観察しているのだ。

飼い主の言葉もよく理解している。芸を覚えるときだけでなく、イヌは飼い主に褒められると心から喜んでいることがわかった。

重要なのは、単語の意味とイントネーションで、褒め言葉を聞いている最中のイヌの脳をＭＲＩで見ると、褒め言葉に対して左半球の脳が反応し、褒めるイントネーションに右半球の脳が反応していることがわかったのだ。ただし、脳の報酬を司る部分は「褒め言葉を、褒めるイントネーション」で聞かないと反応しなかった。つまり、言葉だけではいけないということだ。イヌを褒めるときは全力で褒めてあげるといいだろう。

なお、飼い主に対してだけでなく、イヌのやさしさはすべての人間に平等に与えられる。イヌは非常に共感力が高く、初めて会った人でも感情を読み取ることができる。イヌは泣いている人に対して、その人が知り合いか否かを問わず寄り添って慰めるという本能がある。このとき、賞賛やお礼などの見返りは一切求めていない。同種の人間ですら、知らない人が泣いていても素通りしてしまうことが多いのにイヌはどんな人にも寄り添ってくれるのだ。この愛情深さ、私たちも見習わねばならない。

Dog

イヌの豆知識

法律上、オオカミは0.1%イヌの血が入っていればイヌとして飼育できる

中世ヨーロッパの貴婦人がイヌを連れて歩く理由はオナラをイヌのせいにするためだった

イタリアにはイヌを１日に3回散歩させなければいけないという条例がある

サウジアラビアでは男女の出会いを阻止する目的でイヌの散歩が禁止されている

警察犬となったチワワは、災害現場での生存者発見などの活躍が期待されている

イヌ用のコンタクトレンズ、イヌ用の抗うつ剤がある

イヌも猫舌

Kangaroo

前進あるのみ

カンガルーの教え

アカカンガルー

有袋目カンガルー科
体長 1.3 ～ 1.6m

主な生息地
オーストラリア大陸

夢や目標を持ち、
個人ノルマ
それに向かって進むのは
素晴らしいことだ。

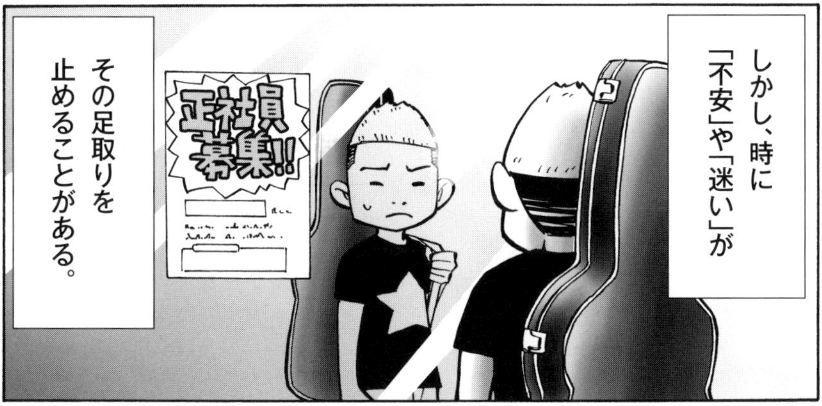
しかし、時に
「不安」や「迷い」が
正社員
募集!!
その足取りを
止めることがある。

カンガルー。

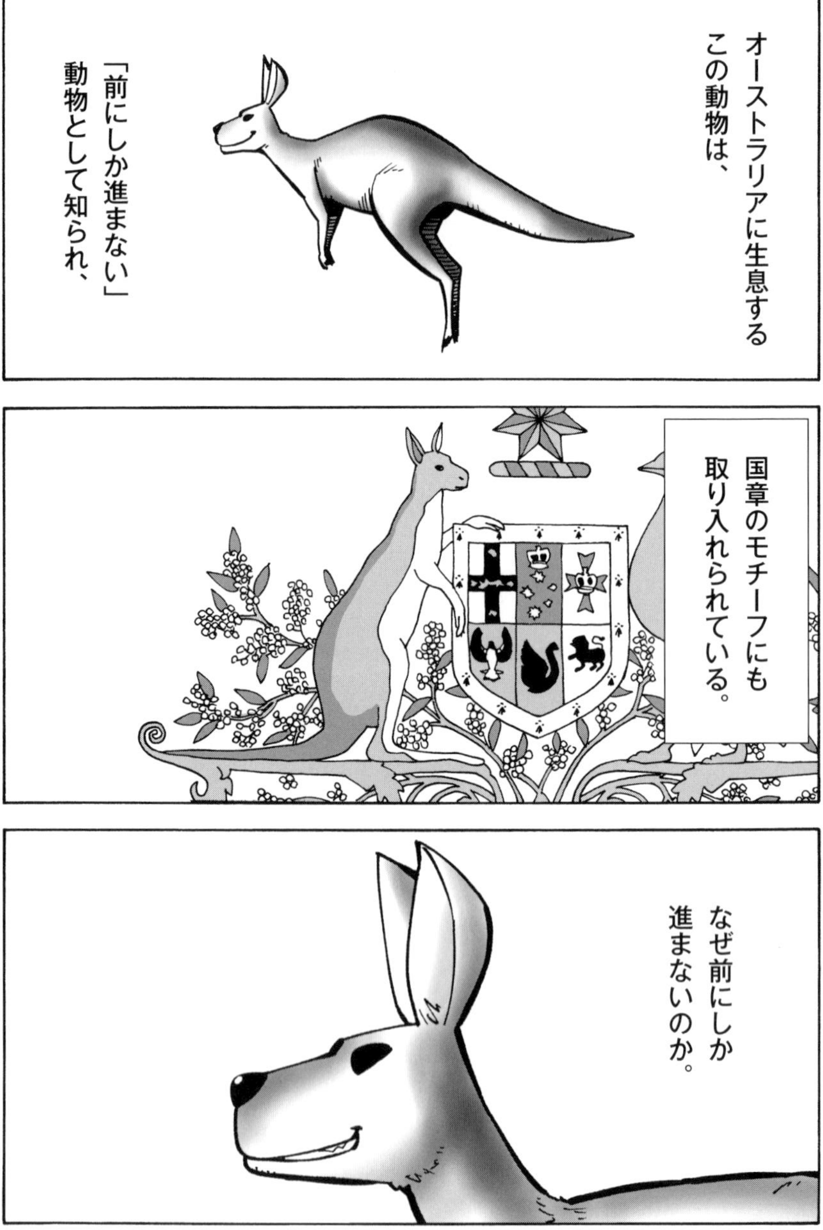
オーストラリアに生息する
この動物は、
「前にしか進まない」
動物として知られ、
国章のモチーフにも
取り入れられている。
なぜ前にしか
進まないのか。

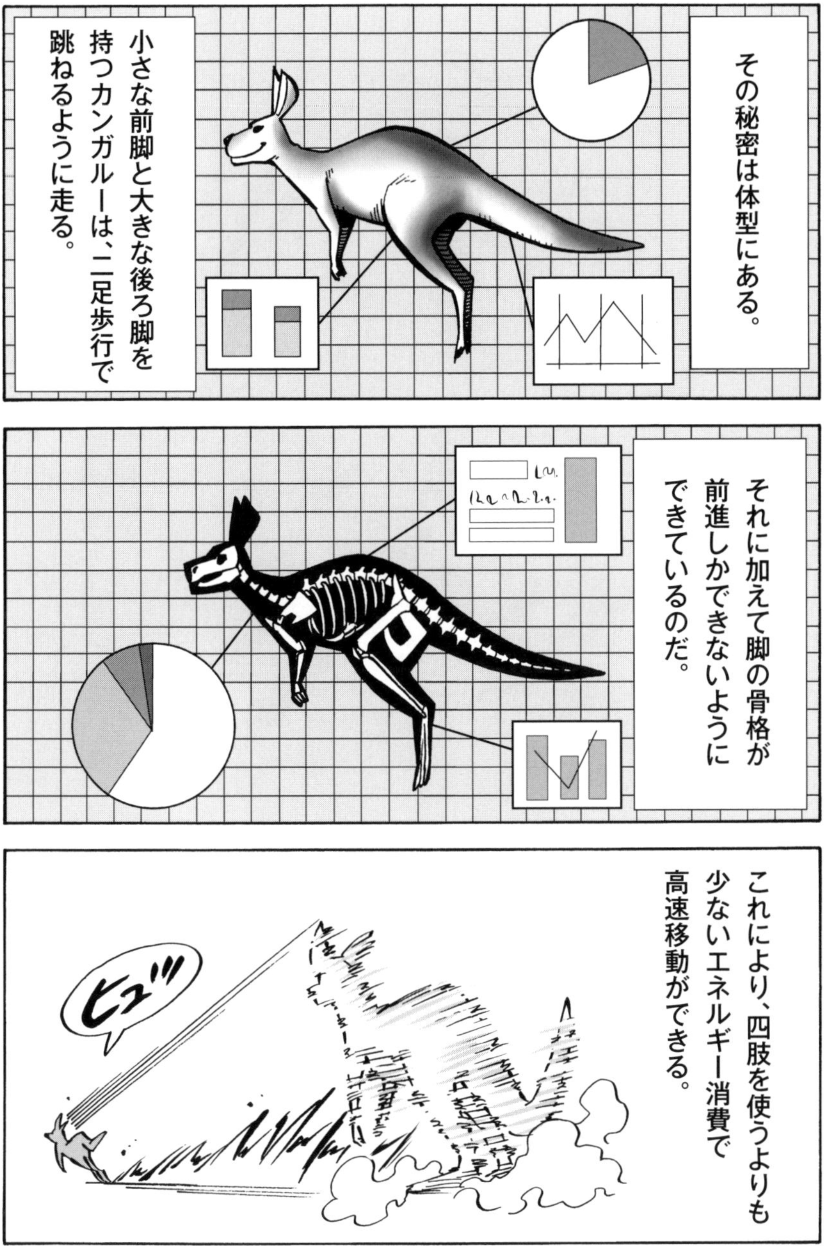
その秘密は体型にある。
小さな前脚と大きな後ろ脚を持つカンガルーは、二足歩行で跳ねるように走る。
それに加えて脚の骨格が前進しかできないようにできているのだ。
これにより、四肢を使うよりも少ないエネルギー消費で高速移動ができる。
ヒュッ

時速60㎞を超える
スピード、
一飛びで12.8mという
跳躍力を手に入れたのだ。

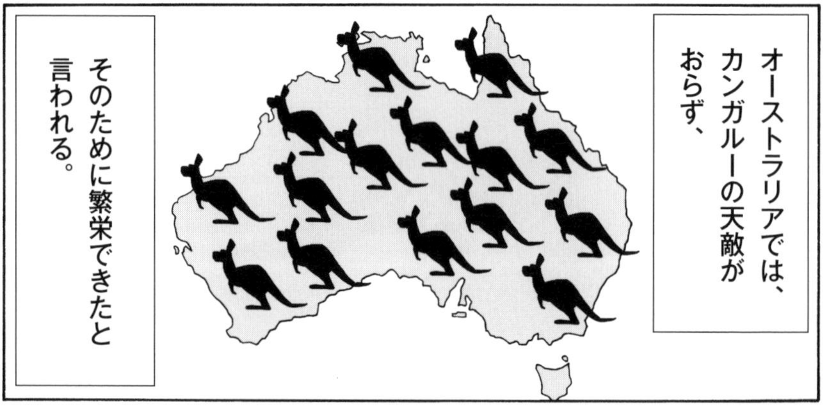
オーストラリアでは、
カンガルーの天敵が
おらず、
そのために繁栄できたと
言われる。

しかしカンガルーは
他の動物と争うことはないが
カンガルー同士で
争うことがある。

その姿は、
「キックボクサー」に形容され、
軽いフットワーク、鋭い
パンチとキックを武器に闘う。
後ろを向かないと
決めれば、
人生にはいかようにも
可能性がある。
いつでも前へ、前へ、
「打つべし!」である。

自然を生き抜く

カンガルーは不思議な生き物だ。カンガルーの出現は人間よりはるか昔、中生代にさかのぼると言われている。まだ恐竜が闊歩《かっぽ》していた時代にカンガルーの祖先たちはすでに生命をつないでいたのだ。

原始的な特徴を持つカンガルーたち有袋類《ゆうたいるい》はその後、我々人間が属する有胎盤類《ゆうたいばんるい》に生存競争で負けた。結果、徐々に南に下っていき、当時はまだ暖かかった南極大陸を伝ってオーストラリアに落ち延びたのだ。その後、南極大陸がオーストラリアや南米から分離し、現在有袋類はオーストラリア、南米、ニュージーランドといったごく一部の地域に生息するのみとなった。

身体の構造がかなり特殊で、メスは3つの膣《ちつ》を有しており、オスは二股に分かれた陰茎《いんけい》を持ち、睾丸《こうがん》は陰茎の前に位置している。

そんなカンガルーだが、最も有名な特徴といえば、子どもを袋の中で育てることだろう。2㎝程度しかないピンク色の胎児のような赤ちゃんは、生まれると母親のお腹にある育児嚢《いくじのう》と呼ばれる袋まで自力ではっていく。母親のカンガルーは自分のお腹を舐めて赤ちゃんが袋までたどり着くための道筋をつける。

赤ちゃんは袋の中で2～3ヶ月おっぱいを飲んで成長し、ある程度大きくなってから袋の外に出る。生まれたばかりの赤ちゃんは驚くほどのスピードで袋にたどり着くため、動物園などでもなかなかその瞬間を観測することができない（そのため、飼育されているカンガルーの誕生日は袋から顔を出した日ということになっている）。

常に子どもを運んでいる様子から、「やさしいお母さん」のイメージがあるカンガルーだが、袋の中にいる子どもの異常（病気など）に気づくと、子どもを袋から出して放置。新しい子どもを産む。危険が迫ったとき、妊娠期間の長い有胎盤類は母子ともに死んでしまうことが多いが、カンガルーは子どもを置いて自分だけ逃げ延びる。

残酷なようだが、これはカンガルーの生存戦略の一つである。カンガルーに限らず、動物は弱い子どもを捨て、強い子どもを育てる行動を見せる。決してカンガルーの愛情が乏《とぼ》しいわけではなく、野生の世界はそれほど厳しいのだ。

また、環境が子育てに適さないと母親が判断すると意図的に胎児の細胞分裂を止めさせ、よい環境になってから成長を再開させる。

カンガルーは交尾をするとすぐに出産するが、子育てに適した時期が続くと胎児の成長を調節して、「袋から出たが授乳中の子ども」「袋の中で授乳している子ども」「子宮内で胎芽《たいが》状態の子ども」を同時に育てる器用さも持っている。

このように、生物の世界というのは、人間の常識では決して語り尽くすことのできない不思議と、そして、自然環境を生き抜くための知恵やたくましさがあるのだ。

Kangaroo

カンガルーの豆知識

走行時、カンガルーの尻尾は人間の脚１本に匹敵する働きをしている

カンガルーの仲間を大きく３つに分けると大型のカンガルー、小型のワラビーとその間の大きさのワラルー

わずか 1g ほどの未熟児として母親のお腹の袋で生まれるので誕生日は成長して、袋から顔を出した日

かつては見世物として人間とカンガルーのボクシングが大流行した

カンガルーとともにオーストラリアの「国の動物」に指定されているエミュー（大型の鳥）も前進しかできない動物

BIBLIOGRAPHY

『すごい動物学』永岡書店
『大雑学9　動物おもしろ生態学』毎日新聞社
『ハダカデバネズミ　女王・兵隊・ふとん係』岩波書店
『見せびらかすイルカ、おいしそうなアリ　動物たちの生殖行為と奇妙な生態についての69話』飛鳥新社
『イルカの不思議』誠文堂新光社
『ゾウの鼻はなぜ長い　知れば知るほど面白い動物のふしぎ33』筑摩書房
『動物の値段』ロコモーションパブリッシング
『昆虫はすごい』光文社
『ダンゴムシに心はあるのか　新しい心の科学』PHP研究所
『猫的感覚：動物行動学が教えるネコの心理』早川書房
『働かないアリに意義がある』KADOKAWA
『みんなが知りたいペンギンの不思議　なぜペンギンは北半球にいないの？寒さが苦手なペンギンもいるってホント？』ソフトバンククリエイティブ
『ペンギンの世界』岩波書店
『タコの才能　いちばん賢い無脊椎動物』太田出版

本書は『ＬＩＦＥ 人間が知らない生き方』（２０１６年11月発行）を廉価版に再編集し、書名、価格等を変更したものです。

麻生羽呂　ASO HARO

関西大学工学部生物工学科入学。大学5年次に中退、漫画家を志す。2008年『週刊少年サンデー』にて『呪法解禁!! ハイド&クローサー』を連載。2010年、同誌にて『今際の国のアリス』を連載開始し、2016年に全18巻で完結した。高い画力と、取材を通して描かれるリアルな人間像に定評があり、『今際の国のアリス』は、エンターテイメントと哲学性を両立した稀有な作品として大きな評価を得た。無類の旅好きで、同業者からは「漫画家らしからぬ漫画家」と呼ばれる。好きな動物はオオヤマネコ（理由は、生涯旅をし、同じ道を二度と通らないと言われているから）。

篠原かをり　SHINOHARA KAORI

横浜雙葉高等学校卒業後、慶應義塾大学環境情報学部に入学。学部時代のテーマは昆虫タンパク。現在は同大学院にてネズミの笑い声を研究中。自宅でも約400匹の昆虫、ネズミ、モモンガ、イモリ、タランチュラ、ドジョウなどを飼育。生物に関する膨大な知識と偏愛ぶりが話題を呼び、「日立 世界ふしぎ発見！」「有吉ジャポン」などに出演。処女作は『恋する昆虫図鑑～ムシとヒトの恋愛戦略～』（第10回出版甲子園グランプリ受賞企画）。本作ではネタ出しと解説を担当した。好きな動物はドブネズミ（理由は情緒豊かだから）。

漫画 動物が教えてくれる
「競争社会で生き残る方法」

二〇一九年七月三〇日　第一刷発行

カバーデザイン　神戸順
本文デザイン　大場君人
風景一枚絵　大谷アキラ
発行者　山本周嗣
発行所　株式会社文響社
〒一〇五－〇〇〇一
東京都港区虎ノ門二－二－五
共同通信会館9F
ホームページ　http://bunkyosha.com/
お問い合わせ　info@bunkyosha.com

印刷・製本　株式会社廣済堂

ISBN コード：978-4-86651-137-5　Printed in Japan